A. FERRET 1978

DE LA PLUS-PÉTITION

EN DROIT ROMAIN

DE L'EFFET DÉCLARATIF

DU PARTAGE ET DE LA LICITATION

EN DROIT FRANÇAIS

THÈSE POUR LE DOCTORAT

PAR

L.-J.-A. BOCQUILLON

AVOCAT A LA COUR IMPÉRIALE DE PARIS

PRÉSIDENT : M. de VALROGER.

SUFFRAGANTS : { MM. PELLAT, doyen, COLMET D'AAGE, DURANTON, } Professeurs. VERNET, Suppléant.

SAINT-GERMAIN-EN-LAYE,

IMPRIMERIE DE BEAU, RUE DE PARIS, 80.

1861

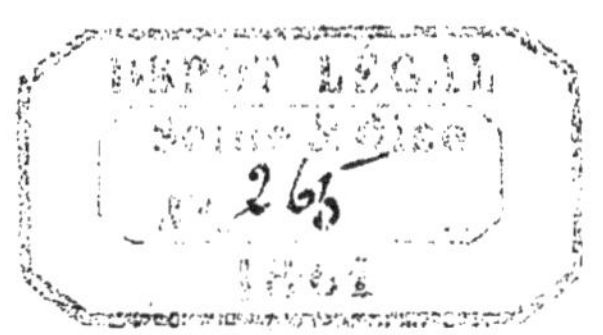

DE LA PLUS-PÉTITION

EN DROIT ROMAIN

DE L'EFFET DÉCLARATIF

DU PARTAGE ET DE LA LICITATION

EN DROIT FRANÇAIS

THÈSE POUR LE DOCTORAT

PAR

L.-J.-A. BOCQUILLON

AVOCAT A LA COUR IMPÉRIALE DE PARIS.

PRÉSIDENT : M. de VALROGER.

SUFFRAGANTS : { MM. PELLAT, doyen,
COLMET D'AAGE,
DURANTON,
VERNET, } Professeurs.

Suppléant.

SAINT-GERMAIN-EN-LAYE,

IMPRIMERIE DE BEAU, RUE DE PARIS, 80.

1861

Imprimerie de BEAU, à Saint-Germain-en-Laye.

A MA FAMILLE

A M. PROSPER VERNET

PROFESSEUR AGRÉGÉ A LA FACULTÉ DE DROIT DE PARIS.

DROIT ROMAIN

DE LA PLUS-PÉTITION

Nous diviserons cette matière en trois chapitres. Dans un premier on traitera des notions générales sur la plus-pétition et de ses principaux effets ; un deuxième chapitre sera consacré à étudier les différents cas où se présente la plus-pétition ; en troisième lieu, on examinera à l'aide de quels moyens préventifs on évite la plus-pétition. Enfin dans un court appendice on dira quelques mots du sort de cette institution sous le système de la procédure extraordinaire.

CHAPITRE PREMIER

NOTIONS GÉNÉRALES SUR LA PLUS-PÉTITION

Les §§ 33, 34 et 35 des Institutes de Justinien (liv. 4, t. 6), s'occupent de l'influence que peuvent avoir les erreurs, commises par le demandeur en formulant sa prétention. Nous verrons par la suite comment cette matière se rattache à une division importante des actions en droit romain, celle des actions *certæ et incertæ*.

Nous ne devons nous occuper dans ce travail que de l'erreur du demandeur, consistant dans une exagération de sa prétention, dans une demande supérieure à son droit légitime, et nous nous hâtons, dès le début de cette thèse, de bien circonscrire notre sujet.

Le § 33, dans son premier alinéa, s'exprime en ces termes : « Si le demandeur, dans l'*intentio* de la formule, avait demandé *plus* que ce à quoi il avait droit, il était déchu de tout droit, et ce n'était pas facilement qu'il pouvait obtenir une *restitutio in integrum*, à moins cependant qu'il ne fût mineur de vingt-cinq ans. Du reste, même en cas de majorité, il est juste d'ajouter, avec le texte, qu'on venait au secours du demandeur imprudent, si sa demande exagérée était le résultat d'une juste erreur, ou, en d'autres termes, d'une erreur *invincible*. Par exemple, un légataire a réclamé la totalité du legs à lui fait ; puis, il se trouve que des codicilles inconnus jusque-là sont découverts, qui retranchent une certaine portion au legs primitif, le révoquent en partie : ainsi le legs était de 100 dès l'abord, le codicille retranche 25, de sorte que le legs est forcément et inopinément réduit à 75 ; ou bien, sans qu'il y ait eu réduction, le codicille contient d'autres legs dont la somme dépasse les trois quarts de la succession :

alors chaque legs est réduit *ipso jure*, par application de la loi Falcidie. Dans ces divers cas, l'erreur du majeur est évidement plausible; et, s'il est vrai de dire qu'il a commis une véritable plus-pétition, il n'est pas moins équitable de venir à son secours au moyen de la *restitutio in integrum*.

Mais, en dehors de ces cas exceptionnels, il faut revenir à notre règle précédente. Qu'on nous permette d'insister sur ce principe tout spécial à la législation romaine en général, au système formulaire en particulier; et, en même temps, d'en donner une facile et raisonnable explication.

Le Digeste n'a pas consacré de titre spécial à la plus-pétition, et cela se conçoit, parce que sous Justinien tout avait été transformé à cet égard, ainsi que nous le verrons par la suite; mais il est facile d'y rencontrer souvent des fragments de jurisconsultes traitant de cette matière, fragments qui ont été conservés par mégarde au sein de la compilation de Justinien. Du reste, partout, soit dans les textes du droit romain, soit dans les écrits des littérateurs de l'époque classique, nous trouvons mentionnée cette règle que celui qui avait demandé dans la formule plus qu'il ne pouvait lui être dû, perdait sa cause et son droit. Ainsi Gaïus, au § 53 de son commentaire 4, nous dit : *Si quis in intentione plus complexus fuerit, causa cadit, id est rem perdit.* Et Cicéron, dans son plaidoyer *pro Roscio comœdo*, dit à Hannius, son adversaire : *Sic tu, si amplius numino petisti quam tibi debitum est, causam perdidisti.*

Telle est l'institution qu'on appelle plus-pétition,

voyons-en maintenant le fondement historique et la justification.

Certains auteurs, ne tenant pas assez compte de la législation romaine, ont cru y voir une peine infligée à la prétention exagérée du demandeur ; mais nous rejetons sans aucun doute cette explication erronée, et nous demandons la permission de prendre un exemple pour mieux faire comprendre quelle est la base et la source même de la plus-pétition. J'ai, par suite d'un *mutuum*, une *condictio certi* contre N. Nigidius ; or je me fais donner par le magistrat une action pour 100 que je prétends lui avoir prêtés, tandis qu'en réalité il n'a reçu de moi que la somme de 80 francs. Il arrivera, par suite de mon exagération, que je perdrai mon procès pour le *tout*, et, comme en vertu de l'autorité de la chose jugée il m'est impossible d'intenter une nouvelle action, N. Nigidius sera libéré définitivement à mon égard. Pourquoi ce résultat en apparence inique et bizarre ? cela tient à l'organisation judiciaire des Romains, organisation qui a pour effet de diviser chaque procès en deux phases bien distinctes ; l'une où le magistrat délivre la formule, l'autre où le juge, choisi librement par les parties, examine dans les limites de la formule si la prétention du demandeur est, oui ou non, entièrement justifiée. Or, le juge a des pouvoirs extrêmement restreints ; il est appelé soit à condamner, soit à absoudre pour le tout : il ne peut prendre un moyen terme, et la formule du magistrat l'entoure et limite son action, comme un cercle infranchissable.

Pour que la plus-pétition existe avec son effet, il faut supposer que l'exagération se trouve dans l'*intentio* de la formule. Cette condition a été conservée dans les Instituts, mais à tort bien évidemment, car il n'y avait plus de formules sous Justinien depuis longtemps déjà. Il faut donc dire que ce texte ne s'applique qu'à l'ancien droit. Mais que faudrait-il décider si l'exagération se trouve dans une autre partie de la formule ? Si elle se trouve dans la *demonstratio*, rien n'est déduit *in judicium*, et alors la chose demeure entière : c'est au demandeur à intenter une nouvelle action. Par exemple, j'ai acheté un esclave, et dans la *demonstratio*, j'ai dit que j'en avais acheté deux ; nous savons quel sera le résultat d'une telle prétention. Si, au contraire, l'exagération se trouve dans la *condemnatio*, autre partie de la formule, il faut dire que le demandeur ne court encore aucun danger : *Actoris quidem periculum nullum est ;* quant au défendeur, il est en droit, dans ce cas, de faire restituer la formule, au moyen d'une *restitutio* du préteur. Gaïus mentionne ces diverses décisions en termes formels aux §§ 57, 58 et 59 de son commentaire déjà précédemment cité.

Nous verrons dans un chapitre deuxième comment et de quelles manières l'exagération dans l'*intentio* peut se présenter. Pour le moment, et afin d'éclairer ce qui précède, il est peut-être bon de donner quelques notions sur la procédure romaine, telle que nous la connaissons. Ces notions sont d'autant plus importantes qu'elles nous montreront une législation toute différente de la nôtre, législation éminemment formaliste et rigoureuse, il est vrai, mais qui avait eu pour admirable résultat de permettre aux parties de choisir elles-mêmes leur juge, et de s'assurer ainsi une impartialité exempte de toute contestation.

Nous ne dirons rien du système des actions de la loi ; nous voulons seulement examiner notre institution au moment où elle s'est établie avec toute sa netteté et toutes ses conséquences : ici les textes sont nombreux. Ce moment c'est celui de la procédure formulaire : alors, en effet, apparaît comme principe fondamental, et non plus comme exception, la distinction du *judex* et du *magistratus*. Le *magistratus* est un fonctionnaire public, à Rome, le préteur, à qui est remis le pouvoir de dire le droit, *juris dictio*, et le pouvoir d'exécution, *imperium mixtum*. Un procès s'élève : il faut que les parties aillent devant le magistrat, qu'elles lui exposent sommairement les faits sur lesquels elles sont en contestation, et qu'elles lui demandent quel est le droit qui doit régir ces faits. Le préteur promulguait le droit de cette cause, *jus dicebat*, et donnait une formule. Par cette formule, il constituait un citoyen juge de la question : *Judex esto*. Le droit était en effet déterminé après débats devant lui ; le préteur disait : C'est de tel acte que les parties s'occupent, et c'est telle conséquence de cet acte que le demandeur réclame. Que le juge examine et décide si cette prétention est fondée. Ainsi le juge était un simple particulier établi pour chaque cause juge des questions de droit, et quelquefois de simples faits, selon la nature des actions à lui soumises par le préteur ou le magistrat.

Or, quelle était la composition de la formule ainsi remise aux parties. En tête, se trouvait la désignation du juge choisi pour trancher la difficulté : *Titius judex esto*. Venait ensuite la *demonstratio* : c'est la partie qui indique à quelle occasion l'action est intentée. Elle n'existe pas toujours, par exemple, dans les actions *in rem*, *in factum*.

Après la *demonstratio* vient la partie essentielle et vraiment importante, l'*intentio*. C'est là que le demandeur exprime sa prétention. Enfin, la *condemnatio* donne au juge le pouvoir de condamner ou d'absoudre. Elle n'existe pas toujours non plus, et l'on appelle *præjudicia* les actions où précisément le juge n'a qu'à examiner une question préalable, sans qu'il soit besoin pour lui de condamner ou d'absoudre ; les réclamations d'état rentrent dans cette classe d'actions. Ajoutons que, exceptionnellement, on rencontre dans la formule une quatrième partie, l'*adjudicatio*, pouvoir donné au juge d'attribuer à l'une des parties un droit de propriété appartenant à l'autre (G. 4, § 42). Elle ne se trouve que dans les actions *familiæ erciscundæ*, *communi dividundo et finium regundorum*.

Nous avons vu que l'exagération dans la formule peut seule entraîner la déchéance pour plus-pétition quand elle a eu lieu dans l'*intentio*. Est-ce à dire que toute exagération dans la formule entraînera une pareille conséquence ? Nullement, et c'est ici le temps de limiter notre institution en montrant quelles doivent être les conditions de la formule pour que la plus-pétition y soit possible.

Nous avons, dès le début, fait pressentir ce que nous avons à dire à cet égard, en parlant de la division des actions en *actiones certœ* et *incertœ*.

La plus-pétition est-elle possible dans toute sorte d'action? Evidemment non, et cela se conçoit facilement; la plus-pétition ne peut avoir lieu que là où le juge est renfermé par la formule dans un cercle étroit et précis. Mais, si la formule est vague, incertaine, si elle s'en remet à la bonne foi du juge, si elle lui laisse l'appréciation de la condamnation, alors, on ne peut dire que le demandeur a fait une demande exagérée, et la plus-pétition ne pourra évidemment pas avoir lieu. En un mot, elle n'est possible qu'autant que l'*intentio* de la formule est *certa*, ou en d'autres termes, qu'autant que l'action est *certa*. Or, nous devons dire que l'action est *certa* quand elle a pour but de réclamer, ou une somme d'argent déterminée, *certa pecunia*, ou bien toute autre chose certaine, *omnis certa res*. Il faut que la seule énonciation montre ce qu'est la chose réclamée, quelle est sa qualité, sa quantité. *Certum est quod ea ipsa pronuntiatione apparet quid, quale quantumque sit.* Dans ce cas, le préteur accorde ce qu'on appelle la *condictio certi*, par opposition à l'action *ex stipulatu* qui résulte d'une stipulation *incerta* (T. XV princip., liv. 3 Instit.). La plus-pétition est par conséquent impossible dans les actions de bonne foi où la formule est toujours *incerta*, et dans la *condictio incerti* plus vulgairement appelée *actio ex stipulatu*, où l'*intentio* est à peu près la même que celle des actions de bonne foi. Peu importe dans tous ces cas que la *condemnatio* soit *certa* ou *incerta* : on ne s'inquiète que de la nature même de l'*intentio*.

Parmi les actions *stricti juris*, ou *condictiones*, il s'en rencontre où la plus-pétition n'est pas possible. Si la *condictio* a pour objet une somme d'argent, pas de difficulté, l'*intentio* sera *certa*, et par conséquent pourra entraîner la déchéance du demandeur. C'est là même la première application et l'origine de la *condictio*. Plus tard elle fut appliquée à toute *res certa* autre qu'une somme d'argent, et enfin même elle s'étendit aux choses incertaines. Toutefois l'expression de *condictio incerti* n'a été employée que comme qualification générale, et les actions de cette nature ont le plus souvent tiré leur nom particulier de l'événement d'où elles dérivent, *actio ex stipulatu*, par exemple. Et même pour la *condictio certi*, le nom de *condictio certi* est resté plus spécialement propre aux actions naissant des trois contrats civils *re*, *verbis* ou *litteris*, et du legs *per damnationem*. Enfin, par un lien plus étroit avec le souvenir de l'ancienne action de la loi *per condictionem*, le titre de *condictio certi* a été réservé à la *condictio* pour une somme d'argent déterminée; et par opposition, on a donné à toutes les autres, soit d'objets certains, soit d'objets incertains, la dénomination générique de *condictio triticaria*, dérivée du mot *triticum*, froment. Remarquons que dans la *condictio triticaria*, qu'il s'agisse d'un objet certain ou d'un objet incertain, la *condemnatio* est toujours *incerta* : « *Quanti ea res erit,* ou *quidquid ob eam rem...* etc. » Il en est autrement en cas de somme d'argent déterminée : « *Centum condemna.* »

Deux lois au Digeste nous indiquent dans quels cas la *condictio* a pour objet une *res certa,* et où, par conséquent, l'*intentio* étant *certa,* la plus-pétition pourra se présenter. Ce sont les lois 74 et 75 *De verborum obligationibus.* La loi 74 pose le principe : « *Stipulationum quædam certæ sunt, quædam incertæ. Certum est quod ex ipsa pronuntiatione apparet, quid, quale, quantumque sit.* On indique ensuite des exemples. Mais la difficulté se présente quand il s'agit de choses *in genere,* comme cent mesures de froment, et la loi 75 donne à cet égard la solution : « Ergo, si quis fundum sine
» propria appellatione, vel hominem generaliter
» sine proprio nomine, aut vinum, frumentumve,
» sine qualitate dari stipulatur, incertum deducit
» in obligationem. Usque adeo ut si quis ita stipu-
» latus sit, tritici africi boni modios centum ? Incer-
» tum videatur stipulari : quia bono melius inve-
» niri potest. Quo fit ut boni appellatio non sit rei
» certæ significativa : quum id quod bono melius
» sit, ipsum quoque bonum est. At quum *optimum*
» quisque stipulatur, id stipulari intelligitur cujus
» bonitas principalem gradum bonitatis habet : quæ
» res efficit, ut ea appellatio certi significativa sit. »

Nous n'avons parlé jusqu'ici que des actions *in personam ;* or, il est incontestable que la plus-pétition peut aussi avoir lieu dans les actions *in rem*, dans la revendication par exemple, si l'*intentio* est *certa*. Gaïus qui nous indique cette règle mentionne en même temps comment il sera possible dans ce cas d'éviter la plus-pétition : le préteur s'arrangera de manière que l'*intentio* devienne *incerta*, et alors la plus-pétition ne sera plus possible (Voir le commentaire 4 de Gaïus, § 54) ; la même idée se trouve à la loi 76 *De rei vindicatione*, et nous aurons occasion d'y revenir plus tard.

Il se présente ici une ancienne et importante observation relative à notre sujet. Lorsque j'ai stipulé de quelqu'un un droit d'usufruit, si l'usufruit ne m'est pas constitué j'intente la *condictio* : l'action est *incerta* dans ce cas, et je ne cours, par conséquent, aucun risque de commettre une plus-pétition. C'est ce que décide la loi 75, § 3 (*De verbor. Obligationibus*). D'un autre côté, si je suis dans le cas d'intenter une action *in rem confessoria aut negatoria*, cette action est susceptible de plus-pétition (§§ 52 et 53, frag. vat.). Comment expliquer ces deux décisions en apparence contradictoires ? à quoi tient cette différence ? Cela tient à un accident de la formule : dans l'action *in rem*, il n'y a pas de *demonstratio*, dans l'action *in personam*, au contraire, il y en a une. Si donc l'action est *in personam*, il y a une démonstration, et c'est là que j'ai dû indiquer sur quoi je prétends que quelqu'un est obligé à me fournir usufruit. Quand bien même il y aurait de ma part plus-pétition dans ce cas, elle ne produira aucune déchéance contre moi ; au contraire, l'action *in rem*,

n'ayant pas de démonstration, c'est dans l'*intentio*
elle-même que je dois indiquer sur quoi je prétends
avoir usufruit. Cette bizarrerie n'est donc qu'appa-
rente, et disparaît devant cette simple explication.

La plus-pétition est possible aussi dans l'action
in factum; cela tient à ce que l'action est connue
sans *demonstratio* (§ 60 Gaïus).

Certains auteurs, dit Gaïus, enseignent que dans
l'action de dépôt et dans toutes les autres actions
où la condamnation emporte infamie, celui qui demande plus qu'il ne lui est dû perd son procès ;
ainsi j'ai déposé un seul objet, et j'en réclame deux.
Faut-il croire que cette décision soit conforme à la
vérité? se demande Gaïus. Dans ce cas, dit-il, il y a
deux formules au choix du demandeur; or il est bien
certain que s'il choisit l'action *in jus*, il n'encourra
pas la plus-pétition, parce que l'exagération se trouvant dans la *demonstratio, l'intentio* est ainsi conçue : *Quidquid ob eam rem illum mihi dare facere
oportet.* Mais s'il préfère l'action *in factum*, il encourra la plus-pétition : « In ea vero quæ in fac-
» tum concepta est, sine demonstratione in inten-
» tione res de qua agitur designetur his verbis : Si
» paret illum apud illum deposuisse dubitare non
» debemus, quin si quis in formula quæ in factum
» composita est, plures res designaverit quam depo-
» suerit, litem perdat, quia in intentione plus po-
» suisse videtur. »

Remarquons en passant, et comme simple détail
accessoire, qu'il ne faut pas confondre l'action *in
personam* avec la *condictio* : le mot action *in perso-*

nam est plus large que le mot *condictio ;* ce dernier n'est qu'une espèce du genre compris dans le premier. En effet, outre les *condictiones,* le mot action *in personam* comprend encore les espèces d'actions suivantes : 1° les actions de bonne foi; 2° l'*actio furtiva* et l'*actio legis Aquiliæ* (§ 45, Gaïus 4) ; 3° les actions *in factum* personnelles : ces actions ne sont, il est vrai, ni *in rem* ni *in personam,* mais elles équivalent quelquefois à une action *in personam.* Nous verrons par la suite ce qu'il faut entendre par *actiones bonæ fidei* et *actiones stricti juris ;* nous verrons que cette division est spéciale aux actions *in personam* et *in jus,* et se trouve complétement étrangère aux actions *in rem,* lesquelles rentrent dans une division beaucoup plus générale, celle des *judicia* et des *arbitria.*

Nous ne voulons nullement dire que les actions *in rem,* soient tantôt des *arbitria,* tantôt des *judicia ;* elles sont toujours arbitraires, et en ce sens elles rentrent dans la classe des *arbitria,* où se trouvent aussi rangées les actions personnelles de bonne foi.

Nous avons dit comment et pourquoi le demandeur, qui avait mis dans l'*intentio* une somme plus forte que celle qui lui était réellement due à raison de la stipulation, perdait son procès ; mais il perd aussi son droit. Pourquoi cette nouvelle rigueur ?

On admet généralement, que la rédaction et l'obtention d'une action constituent et opèrent une *novation judiciaire* : le droit orginaire déduit en justice, se transforme tout entier en droit d'obtenir une condamnation en vertu de cette action, ce que

Gaïus dit en ces termes, au § 180 de ses *Institutes* :
« Tollitur adhuc obligatio litis contestatione ,si mo-
» do legitimo judicio fuerit actum. Nam, tum obli-
» gatio quidem principalis dissolvitur, incipit autem
» teneri reus contestatione. Et hoc est quod apud ve-
» teres scriptum est; ante litem contestatam, dare de-
» bitorem debere; post litem contestatam, condemnari
» debere. » Ainsi, une promesse sur stipulation avait
été faite par N. N. à A. Agerius; elle portait sur 80 ses-
terces. A. A. en réclame 100 par l'*intentio* de son
action. Le juge ne pourra pas prononcer de condamnation, et A. A. ne pourra plus agir de nouveau
en vertu de la stipulation, car, il a converti son droit
tout entier, en ce droit d'obtenir condamnation qui
ne peut se réaliser.

Remarquons d'abord que les partisans de cette
doctrine sont obligés sans contestation de limiter
cette novation judiciaire s'opérant *ipso jure*, aux cas
où le *judicium est legitimum, in jus et in personam.*
Si l'une de ces conditions vient à manquer, il n'y a
pas de novation judiciaire possible, et si le demandeur vient à intenter de nouveau la même action, il
faudra pour le repousser invoquer le secours d'une
exception.

Mais des auteurs vont plus loin et croient que dans
aucun cas il n'y a de véritable novation judiciaire.

Il est d'abord certain, si je ne me trompe, que l'on
ne trouve dans aucun texte l'expression de novation
judiciaire, ce qui est assurément une présomption
sérieuse en faveur de cette seconde opinion. C'est
ainsi que, dans la loi 29 au Digeste (Liv. 46, t. II),

Paul indiquant les différences qui existent entre la novation volontaire, conventionnelle, et l'effet du *judicium acceptum*, se garde bien de parler de la novation judiciaire : *Aliam causam esse novationis voluntariæ, aliam judicii accepti, multa exempla ostendunt.*

Et puis voyez la suite de ce texte : il montre que la novation judiciaire, si l'on peut l'appeler ainsi, loin de diminuer le droit primitif a pour effet de le fortifier contrairement à la novation convention-nelle : « Perit privilegium dotis et tutelæ, si post di-
» vortium dos in stipulationem deducatur, vel post
» pubertatem tutelæ actio novetur, si id specialiter
» actum est, quod nemo dixit lite contestata : neque
» enim deteriorem causam nostram facimus actionem
» exercentes, sed meliorem ; ut solet dici in his ac-
» tionibus quæ tempore, vel morte finiri possunt. »

Or comment est-il possible de croire que la no-vation judiciaire qui a pour effet, contrairement à la novation volontaire, d'améliorer la position du demandeur, en arrive d'autre part à lui faire per-dre son droit primitif? C'est donc dans une autre cause qu'il faut aller chercher la déchéance qu'il en-court. Il faut dire seulement qu'il y a extinction de l'action, et non pas qu'il y a novation judiciaire. On en trouve une preuve irrésistible dans la loi 6o, (Liv. xii, t. VI, D.). Paul s'exprime ainsi : « Julianus
» verum debitorem post litem contestatam, manente
» adhuc judicio, negabat solventem repetere posse :
» quia nec absolutus, nec condemnatus repetere
» posset : licet enim absolutus sit, natura tamen
» debitor permanet. »

Or, s'il reste ainsi une obligation naturelle, n'est-
ce pas qu'il n'y a pas novation, que l'obligation primitive survit à l'extinction de l'action. C'est ce que
dit encore en termes formels la loi 28 au Digeste
(Liv. xii, t. VI.) : *Judex si male absolvit, et absolutus sua sponte solverit, repetere non potest.* Il faut
que le défendeur paie volontairement, sinon il faudrait douter de la vérité du jugement, ce qui est
contraire à l'ordre public.

Telle est la deuxième opinion sur cette grave
question, question qui du reste n'a pas une grande
importance pratique que je sache, car chacun des
deux systèmes admet les mêmes solutions pratiques,
tout en partant d'un principe différent.

Voici, au surplus, comment s'exprime M. Bonjean (page 514 t. Ier) dans son Traité des actions :
La sentence est à l'instance devant le juge, ce que
la *litis contestatio* est à l'instance devant le magistrat : comme la *litis contestatio*, et dans les mêmes
cas, la sentence produit une novation qui éteint le
rapport légal préexistant, soit directement (*ipso jure*),
soit indirectement (*exceptione rei judicatæ*). Et, de
même que la *litis contestatio* avait remplacé le rapport préexistant par le rapport judiciaire : *condemnari vel absolvi oportet ;* de même la sentence substitue à ce *condemnari*, etc., résultant de la *litis
contestatio*, l'obligation nouvelle *judicatum facere
oportet.*

» Toutefois, à cet égard, continue Bonjean, les
effets de la sentence sont bien différents, suivant
qu'elle prononce absolution ou condamnation. Dans
le premier cas, elle ne produit qu'un effet purement

négatif ; elle éteint les rapports préexistants sans leur en substituer de nouveaux ; dans le deuxième cas, au contraire, non-seulement elle détruit le rapport préexistant, mais en outre, au droit primitif, elle substitue une créance purement pécuniaire que le demandeur peut faire valoir par l'action *judicati*. Ainsi, en résumé, et en laissant de côté le cas où la novation s'opère *ipso jure*, si le défendeur gagne son procès, l'absolution ne produit à son projet que l'exception *rei judicatæ*. Si, au contraire, c'est le demandeur qui triomphe, la condamnation lui procure l'action *judicati*, et aussi l'exception *rei judicatæ* dans le cas, par exemple, où le défendeur voudrait, plus tard, revendiquer comme sienne, la chose dont le demandeur a été déclaré propriétaire dans le premier procès. — Telle est aussi l'opinion professée à l'école par M. Ortolan.

Nous avons vu quel était le fondement de la plus-pétition ; nous en avons vu l'effet principal, qui est la déchéance du demandeur.

Mais ce serait une grave erreur de croire, et ce qui précède le démontre surabondamment, ce serait, dis-je, une grave erreur de croire que si le demandeur ne peut plus intenter une nouvelle action, c'est là une conséquence de la plus-pétition. Peu importe que la demande ait été ou non exagérée, le demandeur, une fois que le juge a rendu sa sentence, ne peut plus intenter une nouvelle action à raison du même fait. S'il se présente devant le magistrat, la même chose se passera qu'au cas d'exception *juris-jurandi : Nam postquam juratum est, denegatur ac-*

tio : aut si controversia erit, id est, si ambigitur an jusjurandum datum sit, exceptioni locus est.» (Loi 9. pr. Dig. Liv. xii, t. II). Même doctrine dans la loi 28 (Dig. XXVIII, 1.)

Tout ceci n'est pas le résultat de la plus-pétition, mais de la *res judicata*.

Or, je suppose que la plus-pétition soit intervenue dans un cas où un créancier avait actionné l'un des *duo rei* que la stipulation par exemple lui avait obligés. L'autre profitera évidemment de cette plus-pétition. Mais, est-ce à dire que ce soit là un effet de la plus-pétition? En aucune façon. Voici comment. La corréalité a pour utilité de donner au créancier un droit d'option. Il peut agir contre celui-ci ou contre celui-là, selon qu'il lui paraîtra plus avantageux. Mais, une fois qu'il a fait ce choix, une fois l'action délivrée, c'est tout son droit qu'il a localisé, spécialisé. Dès lors, il est bien certain qu'une fois qu'il a ainsi actionné l'un des deux *correi*, qu'il encoure ou non la plus-pétition, il ne peut recourir contre l'autre. — Plus tard, on se relâcha de ce rigorisme : le créancier qui a actionné l'un de ses débiteurs solidaires et qui n'a rien obtenu, ou qui a seulement obtenu partie de la dette, peut actionner l'autre pour obtenir entière satisfaction. Mais cette modification ne coïncida pas avec notre institution; car, sous le système appelé de la procédure extraordinaire, qui régnait bien avant Justinien, il n'y avait plus rien de l'antique plus-pétition. Voici du reste, le texte relatif à cette importante modification : « Generaliter sancimus, quem-

» admodum in mandatoribus statutum est, ut con-
» testatione contra unum ex his facta, alter non
» liberetur : ita et in fidejussoribus observari. Inve-
» nimus etenim, et in fidejussorum cautionibus
» plerumque ex pacto hujusmodi causæ esse pro-
» spectum : et ideo generali lege sancimus, nullo
» modo electione unius ex fidejussoribus, vel ipsius
» rei alterum liberari: vel ipsum reum fidejussoribus,
» vel uno ex his electo, liberationem mereri, nisi
» satisfiat creditori : sed manere jus integrum, donec
» in solidum ei pecuniæ persolvantur, vel alio modo
» satis ei fiat. Idemque in duobus reis promittendi
» constituimus, ex unius rei electione præjudicium
» creditori adversus alium fieri non concedentes :
» sed remanere et ipsi creditori actiones integras, et
» personales, et hypothecarias, donec per omnia ei
» satisfiat. » (Loi 28, c. *De fidej.*)

CHAPITRE II

CONDITIONS ET CAS DE LA PLUS-PÉTITION

Nous avons déjà donné quelques détails à cet
égard dans le précédent chapitre, et nous demandons la permission de revenir sur quelques-unes
des conditions que nous avons indiquées par
avance. Il est d'abord en cette matière un principe
incontestable, c'est que pour que la novation soit

possible, il faut qu'un droit soit déduit en justice, qu'il soit transformé en action et devienne l'objet d'une formule. Si donc le demandeur se désiste de sa prétention devant le préteur, s'il reconnaît son erreur, s'il réclame un droit qui n'a encore reçu aucune existence, on ne pourra pas dire qu'il y a plus-pétition ; car, à proprement parler, il n'y a pas encore de demande, puisqu'on ne doit entendre par là que la prétention devenue l'objet d'une *intentio*. Il faut donc, en premier lieu, qu'il y ait eu délivrance d'une formule contenant une prétention exagérée.

Mais cela ne suffit pas. Nous avons fait précédemment allusion à une distinction des actions, en droit romain, qui présente ici une grande importance pratique. Il y avait d'une part ce qu'on appelle les actions de droit strict, destinées à mettre en mouvement les principes du droit rigoureux, et les actions de bonne foi, destinées à mettre en mouvement un principe, un contrat, qui tenait autant ou plus de l'équité, du droit des gens, que du droit rigoureux.

A cette distinction se rattache une autre division qu'il ne faut pas confondre avec la première, parce qu'elle est plus large et plus étendue : c'est celle des *judicia* et des *arbitria*. Quel est le sens de ces deux expressions? Cicéron dans son discours *pro Roscio* (n° 5) s'exprime ainsi : *Aliud est judicium, aliud arbitrium*. Dans le *judicium*, il y a quelque chose de direct, de rigoureux, de simple. Exemple : *Si paret centum dari oportere*. Le juge est enchaîné par la formule. Dans l'*arbitrium*, au contraire, il y a quelque chose d'équitable, de modéré : le juge peut adoucir la rigueur du droit. Un texte de Sénèque le philosophe (*De beneficiis*, liv. 3, n° 7) indique une autre différence bien remarquable entre les deux classes. Quand il s'agit d'une demande dont la cause est connue pour bonne, le *judex* vaut mieux que l'*arbiter*. Car, le *judex* est enfermé dans la formule (*illum formula includit*) : la formule lui impose *certos quos non excedat terminos ;* au contraire, l'*arbiter* obéit à sa conscience qu'on laisse libre : il peut ajouter ou retrancher. En outre, toutes les fois qu'il s'agit de matières qui ne peuvent être résolues que par des gens expérimentés, on ne prend pas un *judex ex turbâ selectorum* (*quem census in album et equestris hæreditas*), mais un *arbiter* qui pouvait être choisi en dehors de la liste annuelle dressée par le préteur.

Enfin ces notions générales sont encore éclaircies par un texte de Pline le naturaliste, dans un ouvrage dédié à l'empereur Titus. Dans la dédicace, Pline compare le jugement qu'on portera sur son livre à la décision d'un juge ou d'un arbitre. Si je ne vous eusse pas dédié mon livre, dit-il, pourquoi le liriez-vous ? Pourquoi vous en constitueriez-vous le juge (il y avait une quatrième décurie de juges qui statuaient *de minoribus causis*)? L'affaire est trop peu importante, et puis je pourrais vous récuser ; mais, dit Pline, je vous le dédie pour vous retirer ces deux ressources qui vous empêcheraient de le juger. Il semble résulter de ces paroles, que le *judex*, à la différence de l'*arbiter*, est désigné par le sort, mais peut être récusé, tandis que l'*arbiter* est choisi par les parties, et ne peut être récusé par aucune d'elles. Remarquons en passant que le mot *judex* est un mot générique, et comprenant dans un sens large l'*arbiter* proprement dit.

Cette division n'est pas, en général, indiquée avec cette étendue par les jurisconsultes, ils la restreignent à un certain nombre d'actions : alors la division est désignée par d'autres expressions, et devient plus pratique. Quelles sont donc les actions auxquelles on borne en général cette division ? On la borne à celles qui présentent ces quatre caractères : 1° d'être des *judicia ordinaria* avec formules ; 2° d'être des actions civiles ; 3° d'être *in personam*, et 4° d'être des actions *ex contractu* ou *quasi ex contractu*.

Alors, au lieu d'*arbitria* on parle d'actions *bonæ fidei*, et, au lieu de *judicia*, on parle de *condictiones* ou d'actions *stricti juris*. Cette division est indiquée aux Institutes, § 28 pr.; Cicéron y fait allusion dans ses *topiques*, n° 17. Dans toutes les actions où on ajoute à la formule *ex fide bona* ou *ut inter bonos*, etc., l'action est de bonne foi. Ainsi en est-il en particulier de l'action *rei uxoriæ*.

Il est facile de voir par tout ce qui précède que dans les actions de bonne foi la plus-pétition n'est pas possible. Cette conséquence résulte nécessairement de la rédaction même de la formule. Cepen-

dant Cujas a cru pouvoir soutenir le contraire, à
raison de deux textes qui forment les lois 4 et 21 au
Digeste, *De compensationibus*.

Examinons ces deux textes, et nous verrons s'il
est possible d'y voir la confirmation du système de
Cujas.

Dans la loi 4, Paul s'exprime ainsi : « Verum est
» quod et Neratio placebat, et Pomponius ait, ipso
» jure eo minus fidejussorem ex omni contractu de-
» bere, quod ex compensatione reus retinere potest.
» sicut enim cum totum peto a reo, male peto, ita et
» fidejussor non tenetur ipso jure in majorem quan-
» titatem, quam reus condemnari potest. »

La compensation dont on parle dans ce texte,
montre bien qu'il a subi une grave interpolation,
car la compensation y est absolument régie par les
principes introduits sous Justinien. Mais, il y a plus :
on dit dans le même texte que l'on encourt la plus-
pétition si on demande la totalité de la dette au débiteur principal, qui est d'un autre côté créancier.
N'est-ce pas encore le droit même de Justinien ? Ce
n'est donc là qu'un texte interpolé, et dont on ne
peut tirer aucune preuve sérieuse. Il est à croire que
ce texte s'occupait exclusivement de la compensation
à opérer par l'*argentarius*, avant que l'interpolation
des rédacteurs du Digeste ne l'ait rendu général.

Voici maintenant la loi 21 du même titre : « Pos-
» tea quam placuit inter omnes, id quod invicem
» debetur, ipso jure compensari, si procurator ab-
» sentis conveniatur, non debebit de rato cavere,
» quia nihil compensat, sed ab initio minus ab eo

» petitur. » Il y a encore ici une évidente interpolation. *Ipso jure*, dit-il, mais cela n'existe pas avant la
constitution de Justinien, qui a réglé à nouveau la
compensation. En outre, la fin du texte, l'explication qu'on y donne, ne peut être relative encore qu'à
l'*argentarius*.

Ces deux textes écartés, nous restons en face des
principes qui sont décisifs en notre faveur. Que de-
mande-t-on, en effet, dans une action de bonne foi,
alors même qu'elle indique un chiffre précis comme
montant de la condamnation? Le juge doit condamner selon sa *conscience*, et dans les limites que
trace et qu'exige l'équité.

Il faut en outre, et par suite des mêmes principes,
que l'action ait un caractère *déterminé*, précis, ainsi
que nous l'avons précédemment indiqué à propos
des actions *certæ* et *incertæ*. Deux mots encore à cet
égard, afin de compléter et d'éclairer notre pensée.
La *condictio*, origine des actions de droit strict, s'appliqua successivement aux obligations ayant pour
objet une somme d'argent, puis une chose déterminée. Dans ces deux cas, l'*actio* est *certa ;* cela est incontestable, et la plus-pétition est possible. Il est
vrai que, dans le deuxième cas, la *condemnatio* porte
quanti ea res erit. Mais, qu'importe? c'est l'*intentio*
qui est la partie principale.

Enfin, la *condictio*, par suite d'une extension abu-
sive s'appliqua aux choses *indéterminées*, et la formule devint alors *incerta* : « Quidquid paret N. N.
» A. A. dare, facere oportere, quanti ea res erit,
» condemna ; si non paret, absolve. » Dans le troi-

sième cas, ce que le demandeur réclame est indéterminé : la plus-pétition n'est pas à craindre ; et, en effet, comment le demandeur pourrait-il exagérer sa demande, puisqu'il ne réclame que ce qui sera jugé convenable. N'est-il pas convenable de dire que dans une action de droit strict conçue de cette sorte, les pouvoirs du juge sont aussi étendus que dans les actions de bonne foi, et ne faut-il pas leur appliquer à tous deux ce passage de Cicéron : « Ad arbi- » trium hoc animo adimus, ut neque nihil, neque » tantum quantum postulavimus consequamur? »

Nous n'avons parlé jusqu'ici que des actions *in personam.* Or, il est bien évident que la plus-pétition peut aussi s'appliquer aux actions *in rem*, quoiqu'elles ne rentrent pas dans la catégorie des actions *stricti juris*, comme on pourrait le croire. Ce sont les actions arbitraires , actions rentrant dans notre division générale *in arbitria et judicia* dont nous avons parlé ci-dessus. Le caractère distinctif de l'action arbitraire est de n'emporter condamnation que si le défendeur n'accomplit pas une certaine satisfaction indiquée par le juge *ex bono et æquo.* Est-ce à dire que l'action arbitraire rentrerait ainsi dans les actions de bonne foi? Nullement : dans les actions arbitraires, l'exception *doli mali* n'est pas sous-entendue comme dans les actions de bonne foi ; la fin du § 31 aux Institutes semble contraire à cette assertion. Mais, il n'en est rien : car, si le juge doit statuer *ex bono et æquo*, c'est uniquement quand il s'agit pour le juge (s'il reconnaît que le demandeur a raison) de savoir en quoi doit consister la satisfaction. Mais, lorsqu'il s'agit de savoir si la prétention est fondée, l'exception *doli mali* n'est aucunement sous-entendue.

Il est facile de voir par ce qui précède, que le pouvoir du juge étant limité dans l'action *in rem,* dans la revendication par exemple, si la chose réclamée est *certa,* la plus-pétition sera parfaitement possible. Il est, au surplus un texte au Digeste, duquel on peut facilement tirer cette conséquence : « Si in rem aliquis agat, debet designare rem : et » utrum totam, an partem, et quotam petat : ap- » pellatio enim rei, non genus, sed speciem signi- » ficat... Sed et mensura dicenda erit, cum res » mensura continebitur. Et si vestimenta nostra » esse, vel dari oportere nobis petamus, utrum nu- » merum eorum dicere debebimus, an et colorem? » Et magis est ut utrumque : nam illud inhumanum » est cogi nos dicere, trita sint an nova. » Il est vrai que dans cette action, comme dans la *condictio rei certœ,* la condamnation porte *quanti ea res erit,* mais cela tient à ce que sous le système formulaire la *condemnatio* doit toujours être pécuniaire : « Omnium formularum, *dit Gaïus,* quæ condemna- » tionem habent, ad pecuniariam æstimationem » *condemnatio* concepta est. »

Il faut enfin, pour qu'il y ait plus-pétition, qu'il y ait dans la formule exagération du droit réclamé.

Les Institutes (*loc. sup. citato*) nous disent qu'on peut exagérer son droit en quatre circon- stances : « Plus autem quatuor modis petitur, re, » tempore, loco, et causâ. »

« A. Re plus petitur, veluti, si quis pro decem
» aureis qui ei debebantur, viginti petierit, aut si
» is cujus ex parte res est, totam eam, vel majore
» ex parte suam intenderit. »

Ce cas est le plus simple : il est bon cependant
d'entrer dans quelques détails. J'ai stipulé de Titius,
qu'il me donnera *decem aureos*, je lui en réclame
vingt. L'*intentio* de mon action ne pourra évidemment être justifiée, et, comme dans les *condictiones
certæ*, le juge est renfermé dans cette alternative :
ou absoudre Titius, ou le condamner à vingt, il y
aura évidemment plus-pétition.

De même, si je suis propriétaire pour moitié
d'un fonds, et que j'en réclame la totalité au possesseur actuel : le résultat sera absolument iden-
tique et pour les mêmes raisons. Remarquons
toutefois qu'il en serait différemment au cas où un
propriétaire *ex integro* se trompe et réclame contre
Titius son fonds cornélien, tandis qu'en réalité c'est
le fonds sempronien qui est possédé indûment par
Titius. Il n'y a pas ici de plus-pétition, mais une
simple erreur de nom.

Or, il peut arriver que la plus-pétition soit en-
courue par une personne à son insu, et cela dans
les cas nombreux où le demandeur est devenu propriétaire en vertu d'un titre qui ne limite pas clairement et expressément la part ainsi acquise. C'est
ce qui se présente en matière de succession, cas auquel une personne saura parfaitement qu'elle est
héritière d'un tel, mais ignorera complétement pour
quelle quote-part. De même, en cas de legs : il est

de principe que le legs *per vindicationem* transfère la propriété du défunt au légataire. Mais, quand à ce principe se joignit celui de la loi Falcidie, et que des retranchements durent être, en conséquence, opérés sur les légataires, un danger de plus-pétition se présenta, car la Falcidie opère *ipso jure ;* et, dèslors, si le légataire avait intenté la *rei vindicatio* sans défalquer ce retranchement qu'il doit subir, mais qu'il ne peut connaître, il serait dans le cas de la plus-pétition *re.* Nous verrons au chapitre III les remèdes apportés à ce grand danger.

Nous croyons à l'occasion de la plus-pétition *re* devoir faire une petite excursion dans le domaine de la compensation : cette étude sera nécessaire pour écarter l'erreur qui consisterait à croire que le défaut de compensation donnait lieu à Rome, en règle générale, à la plus-pétition. Ce serait se tromper étrangement que de transporter dans cette matière nos modernes idées en fait de compensation. Nous empruntons ce qui va suivre au remarquable cours de M. Demangeat, professeur suppléant dans cette faculté. (Voir les § 30 et 39 aux Inst. *De actionibus.*)

Deux personnes sont respectivement créancières et débitrices l'une de l'autre ; les deux dettes se balancent, se neutralisent si elles sont égales : aucune ne doit être condamnée. Si l'une est supérieure, celui-là seul est condamné qui est tenu de la dette la plus forte, et il ne sera condamné que jusqu'à concurrence de l'excédant.

Cette compensation n'avait pas d'abord été admise en général par le droit romain. Longtemps elle ne fut admise que dans certains cas que nous allons brièvement indiquer.

En supposant qu'il s'agisse d'une action de bonne foi, et que les deux dettes proviennent *ex eadem causa*, la compensation avait lieu dans l'ancien droit. Un vendeur non payé intente une action *venditi*, l'acheteur lui oppose qu'il a dégradé la chose : l'indemnité diminuera le prix à payer.

En dehors de cette compensation relative aux actions de bonne foi, nous trouvons deux cas spéciaux où la compensation fut admise de très-bonne heure. (Voir les §§ 64 et 65 de Gaïus).

1° Lorsqu'un *argentarius* agit contre son client, il est tenu d'agir *cum compensatione*, c'est-à-dire qu'il doit lui-même compenser dans la formule, ce qu'il doit avec ce qui lui est dû, indiquer, en d'autres termes, la différence entre l'actif et le passif. C'est son métier d'éclairer le compte (§ 64, G.).

2° Il y avait une sorte de compensation que l'on nommait *deductio*, et qui se présentait dans ces circonstances : je me suis porté *bonorum emptor* en promettant, aux créanciers du débiteur, 75 p. 100. J'ai des actions *utiles* contre les débiteurs du *decujus*. Or, j'apprends que Titius devait une somme de 100, et j'agis contre lui. Si Titius lui-même, débiteur du *defraudator*, en était aussi créancier, il m'opposera avec droit la *deductio*. Je devrai donc agir *cum deductione*, c'est-à-dire, de telle façon que l'adversaire ne soit condamné qu'à la différence.

Trois différences se présentent entre la compensation de l'*argentarius*, et la *deductio* du *bonorum emptor* (§§ 66 à 68 de Gaïus). 1º Dans la compensation, on ne peut admettre qu'une obligation de la même nature, *ex eadem specie;* au contraire, dans la *deductio*, la dette du *defraudator* ne doit pas être nécessairement de la même nature que sa créance; 2º en cas de *deductio*, le tiers poursuivi par le *bonorum emptor* peut invoquer même une créance à terme pour le *defraudator;* c'est le contraire dans la compensation; 3º la *compensatio* doit se trouver dans l'*intentio* même; la *deductio*, elle, est reportée à la *condemnatio*. Il en résulte cette conséquence pratique que la plus-pétition n'a jamais lieu dans ce deuxième cas, tandis qu'elle résulterait d'une erreur ou d'un oubli commis par l'*argentarius*. Cette troisième différence sert aussi à expliquer les deux autres : en effet, comme d'après cette différence c'est au juge à tenir compte de la créance dans la *deductio*, il est évident que le juge pourra reprendre et liquider les dettes qui ne sont pas de même nature; dans la compensation, au contraire, c'est aux parties de faire la balance, et on ne compense alors forcément que les choses *ex eadem specie*. Nous avons vu qu'en cas de *deductio*, le bénéfice du terme était perdu; toutefois, le juge devait en tenir compte dans l'évaluation : c'est là ce qui constitue une légère différence avec l'art. 1188 du Code Napoléon.

Il est probable aussi qu'en cas de *deductio*, le défendeur ne pouvait alléguer sa créance pour le tout : en effet, le *bonorum emptor* n'a promis qu'un dividende; or, celui contre lequel il agit ne doit pas être mieux traité que les autres créanciers. Donc il devra aussi réduire sa créance : cela est évident.

Nous avons vu qu'en règle générale la compensation était admise dans les actions de bonne foi, pourvu que la créance alléguée par le défendeur provînt *ex eadem causa, sed dispari specie.* C'est ce qu'indiquent les §§ 61 et 63 de Gaïus. Dans ces actions, ce n'est pas par les termes mêmes de la formule que le juge peut faire compensation : mais il a ce pouvoir par suite de la nature même de l'action de bonne foi. Au § 30 des Institutes, on fait allusion à ce caractère de l'action de bonne foi, et c'est à tort que le § 39 de Justinien a reproduit le § 61 de Gaïus, en exigeant encore que la créance provienne *ex eadem causa.* C'est là une inadvertance, sans aucun doute.

Une question curieuse se présente ici tout naturellement. Puisque le défendeur poursuivi par une action de bonne foi a droit à la compensation, si la créance provient *ex eadem causa,* à quoi bon lui donner une action à lui-même ? Il semblerait que l'action contraire doive être entièrement inutile. Mais Gaïus dans la loi 18 au Digeste (*Commodati,* § 4, liv. XIII, t. VI), indique quelle est cette utilité. Ce qu'on peut obtenir par l'*actio contraria* peut également être obtenu *jure pensationis* quand on est défendeur à l'*actio directa.* Mais il y a intérêt à choisir, ou du moins à pouvoir le faire. D'abord, le défendeur peut très-bien avoir à réclamer plus

que ce qu'on lui demande. Ainsi, j'ai dû faire plusieurs fois des dépenses pour conserver la chose que
l'on m'a prêtée, et ces dépenses dépassent la valeur
de la chose elle-même : si je n'avais alors que la
compensation, je serais exposé à ne rien avoir, car
le commodant se garderait bien d'intenter l'action.
De même le juge peut n'avoir pas tenu compte de
la compensation ; quelque temps après, on découvre que l'on avait une créance, on pourra intenter
l'action contraire. Ou bien, la chose prêtée a péri
par cas fortuit, ou a été restituée *sine judice*. Donc,
dans tous ces cas, l'*actio contraria* sera d'une incontestable utilité. Telle était la compensation des
actions de bonne foi. Quant aux actions *stricti juris*
la compensation n'y fut admise en aucune façon
à l'origine ; mais un rescrit de Marc-Aurèle, auquel fait allusion notre § 3o aux Institutes, permit
d'opposer la compensation au moyen de l'exception de dol. Le débiteur poursuivi, mais qui se
trouve en même temps créancier du demandeur,
peut faire insérer l'exception de dol dans la formule. Marc-Aurèle n'a pas innové, selon M. Demangeat : il n'a fait que consacrer la pratique.
Nous avons la preuve de cette opinion dans des actions
qui ne sont pas de bonne foi, mais qui doivent être
assimilées aux actions *stricti juris*, c'est-à-dire dans
la revendication, où l'exception de dol était admise,
antérieurement à Marc-Aurèle. (Voir la loi 38 *in
fine, De rei vendicatione*). Un possesseur de bonne
foi a fait des dépenses sur l'immeuble qu'il possédait :
il a créé une plus-value de 4o. Le propriétaire re-

vendique. Celsus décide que dans ce cas, le juge ne condamnera que déduction faite de 40. Il est probable que cette compensation était admise, sinon dans tous les cas, au moins dans quelques-uns, en dehors des actions de bonne foi. Mais, à partir de Marc-Aurèle, il est évident que la compensation a pu avoir lieu *ex dispari causa;* car, en général, dans les actions *stricti juris*, il n'est pas possible que les deux créances résultent de la même cause, le contrat étant unilatéral. D'où l'on doit conclure que, dès ce moment, la compensation a été possible dans les actions *bonæ fidei*, même *ex dispari causa.*

Une grande difficulté s'élève sur le point de savoir quelle est la portée du rescrit de Marc-Aurèle. Voici l'espèce : Une action *stricti juris* est intentée, et le défendeur, alléguant qu'il est créancier du demandeur, a fait insérer l'exception de dol : l'exception est reconnue fondée par le juge. Quel sera le résultat ? L'empereur a-t-il voulu rétablir ce qui arrivait dans la compensation de l'*argentarius*, ou dans la *deductio* opposable au *bonorum emptor?* en d'autres termes, le défendeur sera-t-il absous complétement, ou bien n'y aura-t-il qu'une simple diminution du chiffre de la condamnation ? Cette question est très-controversée, et divise encore les jurisconsultes, au sein même de cette faculté, M. Demangeat admet, dans ce cas, les principes de la *deductio.*

Dans l'opinion contraire, vivement soutenue par M. Ortolan, on part de cette idée, que l'exception de dol étant admise, c'est comme si l'*intentio* même était reconnue pour non fondée ; donc pas de con-

damnation. Mais cet argument est tout à fait arbitraire, car l'exception a pour effet d'exclure ou seulement de diminuer la demande, selon la définition
même des jurisconsultes romains (Loi 22 pr. *De
exceptionibus*).

On insiste dans l'opinion de M. Demangeat. La
compensation, dit-on, est fondée sur une raison
d'équité. Or, quoi de plus inique que l'opinion qui
admet la compensation des *argentarii*, c'est-à-dire
l'extinction même de l'action du demandeur ? En
outre, la compensation serait souvent impraticable :
car, si l'objet des deux créances n'est pas le même,
comment veut-on que le demandeur fasse lui-même
la différence ? C'est au juge à faire cela. Aussi, pour
la compensation de l'*argentarius*, on suppose deux
objets de même nature. Mais, dans la compensation
ordinaire, on ne peut exiger du demandeur une évaluation comparative de deux choses différentes par
leur nature.

Du reste, plusieurs textes sont formels en faveur
de cette interprétation. La loi 42 (Liv. xxxix, t. VI), se
résume ainsi : le défendeur fait insérer l'exception
de dol à une revendication ; l'action devient alors
de bonne foi, dit le jurisconsulte. Il y a des auteurs
qui ont prétendu qu'il y avait là une action de fiducie
sous-entendue ; mais il s'agit ici tout simplement
d'une revendication. Or, si la revendication avec
l'exception de dol devient une action de bonne foi,
elle doit en revêtir précisément les caractères que
nous connaissons. La loi 38, *in fine, De rei vindicatione*, est beaucoup plus formelle ; elle déclare qu'il

n'y aura condamnation que jusqu'à concurrence de la différence. Les adversaires en sont réduits, bien gratuitement, à affirmer que ce texte a été interpolé. Du reste, au § 3o *De actionibus* aux Instituts, on parle de compensation, on emploie cette expression. Or, dans l'opinion contraire, ce langage serait impropre : il y aurait là plutôt une déchéance pour cause de plus-pétition. Ajoutons enfin que Théophile dit formellement qu'en cas d'exception de dol, le défendeur ne sera condamné qu'à la différence. (La loi 15 16, 2) *De compensationibus,* condamne aussi formellement que possible la doctrine de M. Ortolan. (Voir aussi en ce sens la loi 38, *in fine, De rei vindicatione.*)

Mais on nous fait une sérieuse objection, que l'on tire des sentences de Paul (Liv. ii, t. V, § 3). La compensation d'une dette est admise, y est-il dit, *ex pari specie et causa dispari.* Je vous dois de l'argent et vous m'en devez ; ou bien, je vous dois du froment et vous m'en devez. Or, si l'on ne tient pas compte de la compensation, on est déchu pour plus-pétition. Tel est ce texte : or, si on l'examine de près, on verra qu'il s'applique, non à la compensation en général, mais à celle de l'*argentarius.* En effet, ce texte exige que la compensation ait lieu *ex pari specie,* ce qui n'a jamais été exigé pour la compensation générale.

Pour que la compensation soit admise, le juge devra examiner si la créance du défendeur est suffisamment liquide, c'est-à-dire claire, facile à déterminer, non litigieuse.

Ne peut-elle être opposée que par le créancier en personne ? En supposant un créancier qui a plusieurs *rei promittendi*, et qui poursuit l'un d'eux, celui-ci peut-il opposer la créance de l'autre *reus promittendi*. Exemple : j'ai 3 *rei* pour 100 ; je suis débiteur de 50 envers *Secundus*, et je demande 100 à *Primus*. *Primus* pourra-t-il invoquer la créance de *Secundus* ? (Loi 10, *De duobus reis*, 45,2.) Tout dépend à cet égard du point de savoir si les *rei promittendi* sont entre eux *socii*. S'ils ne sont pas *socii*, *Primus* ne pourra invoquer la créance de *Secundus* ; s'ils sont *socii*, la compensation pourra être invoquée. Le sera-t-elle pour le tout ou pour partie ? Admettons avec Cujas qu'elle peut être invoquée pour le tout, c'est-à-dire pour 50. Il est bon de noter en passant que le Code Napoléon, dans l'art. 1294, a consacré une doctrine différente du droit romain.

Nous en sommes arrivés au droit de Justinien. L'empereur (§ 30 *Inst.*) déclare que sa constitution a étendu la compensation qui se fonde sur une créance liquide (*jure aperto*), en ce sens que la compensation diminue de *plein droit* (*ipso jure*) toute action, *in rem* ou *in personam*, à l'exception de l'action de dépôt. Un dépositaire ne peut opposer la compensation à la réclamation du déposant : cette décision se conçoit sous Justinien, où la condamnation peut être de la chose même. Mais une difficulté s'élève de ce qu'un texte de Paul est conçu dans le même sens (Liv. II, t. XII, § 12, *Sent.*) : en cas de dépôt, pas de compensation possible. Cela est incompréhensible ; car alors la condamnation était de la valeur de la chose déposée. Il faut croire que ce fragment a été interpolé par les compilateurs du Bréviaire d'Alaric.

Il y a encore une autre exception qui se présente en cas de spoliation (Loi 14, § 2, liv. iv, t. XXX).

La compensation a lieu *ipso jure*, dit Justinien. Qu'est-ce à dire ?

D'abord il n'est pas douteux qu'un grand nombre de textes ont été modifiés en ce sens, au moyen d'interpolations faciles à démontrer. Le Code Napoléon a traduit ainsi ces mots dans l'art. 1290 : Par la seule force de la loi, même à l'insu des parties. Est-ce là le sens qu'ils avaient sous Justinien ? Pas le moins du monde : cela veut dire que, pour faire valoir la compensation, il n'y a pas besoin d'une exception. En d'autres termes, Justinien a mis sur la même ligne les actions de droit strict et celles de bonne foi. Il n'est pas nécessaire que le demandeur invoque l'exception *in limine litis*.

Quel est l'intérêt pratique de cette discussion ? Supposons que le défendeur, ayant le droit d'opposer la compensation, ait négligé de le faire. Si on admet que la compensation a lieu de plein droit, au sens français, il faudra dire que le défendeur négligent a définitivement perdu sa créance, et devra exécuter la condamnation. Or, un texte exclut formellement ce résultat (Loi 7, § 1 ; 16, 2, *De compensation.*); donc nous devons repousser l'interprétation du Code, en face de cette décision qui lui est contraire.

Remarquons toutefois que la compensation, une

fois admise par le juge, produira cet effet, que le juge devra considérer les intérêts comme ayant cessé de courir du moment où les deux obligations ont coexisté, comme si les deux dettes elles-mêmes avaient été éteintes au même moment. Mais cette décision tient, selon M. Demangeat, à une règle antérieure à Justinien. (Voir la loi 5 Cod.; 4, 31, *De compensationibus*.) Il y a là une raison d'équité, dit la constitution d'Alexandre : l'équité veut que tout se règle comme s'il y avait eu poursuite du jour où les deux dettes ont été exigibles, ont coexisté. Mais il ne faut voir là aucun effet de la compensation *ipso jure*, établie par Justinien. Il ne veut pas, parce que les deux dettes ont continué d'exister, qu'elles aient toujours produit des intérêts. Il est probable que si les parties avaient su, au juste, la valeur des créances de chacune d'elles, elles se seraient aussitôt payées réciproquement.

B. *Plus petitio tempore.* « Tempore plus petitur, » *disent les Institutes*, veluti si quis ante diem, vel » ante conditionem petierit. »

J'ai stipulé de *Tertius* qu'il me donnera telle chose aux calendes de juillet (1er juillet); je le poursuis dès aujourd'hui. Il y a là *plus petitio tempore*. C'est là une application de cet adage anglais : *Times is money*. Le résultat serait le même dans le cas où le terme serait opposé par le défendeur au moyen d'une exception. Ainsi la stipulation a été faite purement et simplement; un terme y a été inséré par un pacte intervenu *ex post facto* : le défendeur a besoin de faire insérer une exception *temporalis* dans la formule. Il y a alors une plus-pétition (§ 10, *De exceptionibus*, Inst.).

Justinien assimile à la plus-pétition *tempore*, où l'on agit *ante diem*, le cas où l'on agit *ante conditionem*. Dans l'ancien droit, il y avait controverse, non pas sur ce point, car on admettait aussi la plus-pétition, pour le cas où l'on agit *ante conditionem*, mais sur le point de savoir si dans certaines espèces, il y avait ou non, une véritable condition. C'est ainsi que la loi 36, *De solutionibus*, nous fournit un curieux exemple de cette controverse.

Insistons quelque peu sur l'espèce prévue par cette loi 36, *De solutionibus*. Voici le cas qui s'y trouve indiqué : Mon père meurt laissant sa femme enceinte, et je demande, en ma qualité d'héritier, tout ce qui est dû à mon père décédé. Les proculiens disent que je n'ai en rien détruit mon droit, si aucun frère ne vient à me naître, « quia in rerum natura » verum fuisset me solum hæredem esse. » Telle était l'opinion d'Ursius Férox.

Mais Julien, jurisconsulte de l'école sabinienne, le contredit dans sa note. Quoi qu'il soit arrivé, dit-il, il est impossible que j'aie été de suite héritier pour la totalité, alors qu'il se pouvait faire qu'un frère me naquît ; j'ai donc dû, en réclamant alors toute la dette, perdre par plus-pétition, la part pour laquelle j'étais héritier. Mais quelle est cette part ? Elle dépend de l'opinion que l'on prendra sur cette question : Combien d'enfants une femme peut-elle avoir d'une seule couche ? « Aut quartam partem, » quia tres nasci potuerunt, aut sextam, quia quin-

» que. » Puis il cite l'opinion d'Aristote, et quelques faits d'accouchements extraordinaires arrivés en Egypte.

Les sabiniens voient donc dans ce cas une plus-pétition *tempore*. Mais cette solution est contredite par le § 6 aux Inst. (3, 15) : « Conditiones quæ ad » præteritum tempus vel præsens referuntur aut » statim infirmant obligationem, aut omnino non » differunt. Veluti, si Titius consul fuerit, vel si » Mævius venit, dare spondes ? Nam si ea ita non » sunt, nihil valet stiputalio ; sin autem ita se ha- » bent, statim valet. Quæ enim per rerum naturam » sunt certa non morantur obligationem, licet apud » nos incerta sint. » Même principe à la loi 37, au Digeste (Liv. xii, 1). Or, n'est-ce pas là notre espèce absolument, et peut-on dire sérieusement avec Julien, qu'il y a ici une condition et par conséquent une plus-pétition *tempore?* Il semble que non, au premier abord ; mais la loi 38 (12, 1), qui vient immédiatement après la loi 37, modifie la règle posée par Papinien, au moyen de cette remarquable exception : « Respiciendum est enim, dit Scœvola, » an, quantum in naturâ hominum sit, possit scire » eam debitum iri. » Or, cette loi de Scœvola a été intercalée à dessein entre deux textes de Papinien, pour les restreindre et les limiter. C'est ce que la loi 28 (§ 5, V. I), exprime clairement en ces termes : « Si » paterfamilias mortuus esset, *dit Paul*, relicto uno » filio, et uxore prægnante, non recte filius a debi- » toribus partem dimidiam crediti petere potest, » quamvis postea unus filius natus sit : quia pote-

» rant plures nasci : cum per rerum naturam certum
» fuerit unum nasci. Sed Sabinus, Cassius, *dit Paul*,
» partem quartam peti debuisse ; quia incertum es-
» set an tres nascerentur : nec rerum naturam intuen-
» dam, in qua omnia incerta essent, cum futura
» utique fierent ; *sed nostram inscientiam aspici*
» *debere.* »

Tel était le droit romain, relativement aux droits
conditionnels en général ; on pouvait à leur égard
encourir la plus-pétition. Il est remarquable qu'il
en était tout autrement des legs faits sous une condition suspensive (Loi 42 pr. 44, 7) : « Is cui sub
» conditione legatum est, pendente conditione, non
» est creditor ; sed tum quum exstiterit conditio :
» Quamvis eum qui stipulatus est sub conditione,
» placet etiam pendente conditione creditorem
» esse. » Il en résultait que tout acte relatif à ces legs
était non avenu et ne pouvait avoir à leur égard
aucune influence. Ecoutons en effet la loi 13, §§ 7
et 8 au Digeste (Liv. xlvi, 4) : « Si fidejussori ac-
» cepto fuerit latum, cum reus re, non verbis fuis-
» set obligatus : an reus quoque liberetur? Et hoc
» jure utimur, ut licet reus non sit verbis obligatus,
» tamen acceptilatione per fidejussorem liberetur
» (§ 8). Si legatorum sub conditione relictorum fide—
» jussori dato accepto latum sit, *legata debebuntur*,
» postea conditione eorum existente. »

Quelle est la raison de cette différence? Il est facile de la trouver dans la nature particulière de la
disposition testamentaire. M. Ducaurroy, dans une
note au tome II des *Institutes de Justinien*, explique

parfaitement cette double décision. « Lorsqu'on a stipulé conditionnellement, dit-il, *dies cedit* à l'évé-nement de la condition, comme pour le legs condi-tionnel, mais avec des résultats bien différents. En effet, 1° l'espoir que produit la stipulation condi-tionnelle est transmissible aux héritiers du stipulant, dès le moment même du contact, avant l'événement de la condition, et par conséquent avant l'époque où *dies cedit ;* 2o le stipulant acquiert l'obligation à soi-même, lorsqu'il est *sui juris* au moment du con-trat, et dans le cas contraire, au maître ou à l'ascen-dant dont il dépend au même moment, sans exami-ner ce qu'il sera, et sous la puissance de qui il se trouvera à l'événement de la condition. Cette ex-pression *diem cedere,* n'a pas, à l'égard des obliga-tions, le même sens qu'à l'égard des legs, et c'est mal à propos qu'on le lui attribue en généralisant ce que Ulpien (D. fr. 213, *De verb. sign.*) dit pour les premières seulement. »

Les mêmes principes nous serviront à expliquer la loi 1, § 4 au Digeste (7, 3.), relative au *legs d'usufruit :* « Non solum autem ususfructus, ante
» aditam hæreditatem, dies non cedit, sed nec actio
» de usufructu. Idemque, et si ex die fuerit legatus
» ususfructus. Denique Scœvola ait, agentem ante
» diem ususfructus, nihil facere; quamvis alias, qui
» ante diem agit, male agit. »

Cette décision résulte de ce que pour qu'il y ait plus-pétition, il faut un droit transformé en action.

En principe, le *dies legati* se place à la mort du testateur, et même, depuis les lois *Caducaires*, à l'ouverture du testament. Mais si le legs est conditionnel, le *dies legati* se reporte au moment où la condition sera réalisée (T. XXIV, § 31, fr. *Pauli*).

Mais, l'usufruit est un droit tout spécial, et dès lors soumis à des règles particulières. Ainsi le *dies legati* se place à l'*adition d'hérédité*, si le legs contient un usufruit. C'est qu'en effet, tous les legs dépendent de cette adition, et si l'on a reporté plus haut le *dies cedit*, c'est, dit Pothier, une conséquence de la fiction qui fait remonter l'adition d'hérédité à l'époque même du décès du testateur. Du reste, c'était là chose bien nécessaire ; car le légataire, nous l'avons dit, ne peut transmettre à ses héritiers le legs qui lui a été fait, en considération de sa seule personne, que s'il l'a déjà aquis. On voit par là quelle est l'importance du *dies cedit*, et combien il est utile de le placer avant l'adition. Or, le legs d'usufruit ne peut jamais évidemment passer aux héritiers du légataire, et dès lors il n'y avait plus à placer le *dies cedit* avant l'adition. Il faut ajouter que l'usufruit ne peut se comprendre sans une personne qui jouisse et qui use. Or, quand cette personne existera-t-elle? Ce ne sera qu'à l'adition d'hérédité : cela est certain.

Ces principes connus, il nous est bien facile d'expliquer la loi précédemment citée. Il est évident que si le légataire d'usufruit *ex die* agit en délivrance contre l'héritier avant l'arrivée du terme, la plus-pétition sera impossible ; car il faudrait qu'il y eût un droit qu'elle pût atteindre ; et de droit, il n'y en aura que le jour où le légataire pourra jouir et se servir de la chose.

C. Le troisième cas de plus-pétition est la plus-pétition *loco*. Les Institutes nous disent à ce sujet : « Loco plus petitur, veluti cum quis id quod certo » loco sibi stipulatus est, alio loco petit, sine com- » memoratione illius loci in quo dari stipulatus fue- » rit : Ephesi dare spondes, Romæ pure intendat » sibi dari oportere. »

Nous ne donnons ici aucun détail sur ce point, et nous en renvoyons l'explication au chapitre suivant, où nous aurons à traiter tout au long de l'*actio arbitraria de eo quod certo loco*.

D. Le quatrième et dernier mode de plus-pétition est celui que les Institutes nous indiquent en ces termes : « Causa plus petitur, ut est si quis ita a te » stipuletur : hominem stichum aut decem aureos » dare spondes; deinde alterutrum petat, veluti ho- » minem tantum aut decem aureos tantum. »

Une obligation est affectée d'une certaine moda-lité; elle est alternative, par exemple. Dans ce cas, de droit commun, le choix est au défendeur; de même en cas d'obligation de genre. Or, le créancier a réclamé *speciem*, tel objet déterminé, il fait ab-straction du choix du défendeur : il y aura plus-péti-tion. Ce cas se rattache à un principe que l'action, la formule doit toujours être calquée sur la stipula-tion (Gaïus, § 53, *in fine*).

Causa est un mot général qui indique la manière d'être d'une obligation. Elle est pure et simple, conditionnelle ou à terme ; elle n'a qu'un seul objet, ou bien enfin, elle en comprend deux sous une alternative : si bien que l'on eût pu faire rentrer dans notre numéro les cas de plus-pétition plus haut indiqués sous le chef de plus-pétition *tempore*.

CHAPITRE III

COMMENT ON REMÉDIE AUX EFFETS DE LA PLUS-PÉTITION

La plus pétition n'était pas une peine infligée aux plaideurs téméraires, *temere litigantes*, nous l'avons dit ; c'était la conséquence forcée, et souvent rigoureuse d'un système de procédure qui avait de grands avantages assurément, mais aboutissait quelquefois à consacrer, conformément au *jus*, les plus déplorables iniquités. Il était donc naturel de venir au secours des plaideurs et de leur donner les moyens d'éviter un écueil dangereux et souvent inévitable, celui de la plus-pétition.

Remarquons d'abord que les parties, en général, pouvaient être édifiées parfaitement de leurs droits, avant d'engager le procès. Il y avait, en effet, la loi des douze tables, *ipsum jus*, règle fondamentale et toujours respectée, source de tout le droit romain, loi que les romains connaissaient tous et qui était affichée au *forum* sur des tables de bronze. Et puis, il y avait les édits des préteurs, que ces derniers devaient promulguer en entrant en fonctions, édits qui devinrent immuables pendant toute l'année, et bientôt même immuables à perpétuité, à raison de l'usage qui s'introduisit de transporter d'édits en édits ce que l'usage avait approuvé dans les précédents. Du reste, chaque citoyen ainsi éclairé par la loi sur les prétentions qu'il pouvait soutenir, ou qu'il devait rejeter, ne venait devant le préteur réclamer une formule, qu'accompagné de jurisconsultes qui lui désignaient en connaissance de cause, celle qu'il fallait demander : « Sunt jura, sunt formulæ de om- » nibus rebus constitutæ ne quis in genere injuriæ » aut ratione actionis errare possit.» (Voir Cicéron, plaidoyer *pro Roscio comœdo.*)

Mais, si malgré ces précautions, le plaideur encourait la plus-pétition, nous avons déjà vu comment la loi venait à son secours au moyen de la *restitutio in integrum.* Cette institution joue un grand rôle dans la jurisprudence romaine, et souvent elle servit efficacement à corriger les vices d'une procédure et d'un formalisme exagérés. Jetons un coup d'œil en passant sur cette matière. Une propriété a été transmise d'une personne à une autre ; mais la transmission valable *ipso jure*, a quelque chose d'inique : le préteur accorde alors l'*in integrum restitutio*, considérant l'aliénation comme non avenue, comme n'ayant jamais existé. Tel est un des cas d'*in integrum restitutio.* Examinons-la avec quelques détails. Il y a sur ce sujet deux principes généraux: 1º (Loi 3, liv. IV, t. Iᵉʳ, D) Toute *in integrum restitutio* est promise par le préteur, *causa cognita*. Le préteur lui-même examine l'affaire, sans renvoyer devant un juge. 2° (Loi 16 pr. *De minoribus*, 4, 4, D) Ulpien dit que, *in causæ cognitione*, le magistrat doit rechercher avant tout s'il n'y a pas une action à donner, au lieu de prononcer la *restitutio*. Ainsi, un mineur de 25 ans, contrairement à la constitution de Constantin, a vendu, sans décret du préteur, un fonds rustique ou suburbain : l'aliénation est nulle *ipso jure*, en vertu du sénatus-consulte rendu sous Septime-Sévère (L. xi, c. 5, 71); il n'est pas besoin de la restitution.

Notre § 33, aux Institutes (4, 6), indique dans quels cas on venait au secours du plaideur au moyen de l'*in integrum restitutio*. Dans certains cas où le procès est perdu pour cause de plus-pétition, le préteur vient au secours du perdant, annule l'effet de la demande, et rend son droit au demandeur originaire. Témoin la définition même que Paul donne de la *restitutio in integrum* dans ses sentences (Liv. iii, t. VII, § 1) : « Integri restitutio est redin- » tegrandæ rei vel causæ actio. » Quand avait lieu cette restitution ? La violence, le dol pour toutes personnes, la simple lésion pour les mineurs, y donnaient droit.

Mais, il nous suffit d'avoir signalé ce remède aux inconvénients de la plus-pétition ; ce n'était qu'un moyen réparateur, et nous nous hâtons d'arriver à d'autres remèdes plus efficaces et qui avaient pour but et pour résultat d'éviter une inévitable dé-chéance. Il n'y a que les moyens préventifs qui puissent réellement corriger les vices d'une institution, et c'est en vain qu'on accorde au plaideur diligent un remède contre un mal qu'il n'a pu éviter. Ces moyens par lesquels le demandeur peut échapper à la plus-pétition là où elle lui était redoutable, si toutefois il a quelque précaution, sont au nombre de trois.

I. C'est d'abord ce qu'on appelle l'*interrogatio in jure*.

L'héritier succédait au défunt *in universum jus*, et, par suite, les dettes du défunt reposaient de plein droit sur la tête de l'héritier, et se divisaient entre chacun des héritiers suivant leur part. C'était donc le quart, le tiers de chaque dette que chaque héritier devait personnellement; c'était pour cette quote-part qu'il pouvait seulement être actionné : lui demander plus, c'était encourir la plus-pétition.

Or, ne pouvait-il pas arriver bien des cas où une personne créancière du défunt n'était pas sûre que Titius, contre lequel elle se proposait d'agir, était l'héritier; ou bien, sachant fort bien que Titius était héritier, elle pouvait ignorer pour quelle part Titius héritait.

Aussi, le préteur avait prévu ce cas dans son édit, et établi ce qu'on appelait les *interrogationes in jure*. Il est curieux de voir comment les préteurs romains ont toujours cherché à corriger la rigueur du droit civil, et avec quelle habileté, tout en conservant les vieilles institutions, ils ont su les adapter aux idées d'équité et de justice qui se faisaient jour de toutes parts. Admirable travail des jurisconsultes romains, qu'une école rétrograde et absurde s'obstine à nier,

et auquel elle préfère, par une bizarrerie inexplicable, le droit rigoureux et suranné de la législation des douze tables. Revenons aux *interrogationes in jure*. Le jurisconsulte Callistrate nous expose très-bien l'utilité de ce chef de l'édit quant à notre matière : « Toties hæres in jure interrogandus est qua
» ex parte hæres sit quoties adversus eum actio ins-
» tituitur, et dubitabat actor qua ex parte is cum
» quo agere velit, hæres sit. Est autem ea interro-
» gatio tunc necessaria cum in personam sit actio, et
» ita si certum petitur, ne dum ignoret actor qua ex
» parte adversarius defuncto hæres extiterit, inter-
» dum plus petendo aliquid damni sentiat. »

La conséquence était en effet que le défendeur une fois interrogé, s'il avait été actionné pour une part supérieure à celle qu'il devait en réalité, mais pour la part qu'il avait indiquée, était valablement ainsi actionné, et ne pouvait opposer la plus-pétition. Ulpien nous donne, en effet, en ces termes, la pensée du préteur : « Voluit prætor adstringere eum
» qui convenitur ex sua in judicio responsione, ut
» vel confitendo, vel mentiendo sese oneret. » Et plus loin il ajoute comme conséquence : « Si quis
» cum hæres non esset, interrogatus responderit ex
» parte hæredem esse, sic convenietur atque si ex ea
» parte hæres esset ; fides enim ei contra se habe-
» bitur. Qui ex quadrante hæres, vel omnino cum
» hæres non esset, responderit se hæredem ex asse,
» in assem instituta actione convenietur. »

II. Vient ensuite l'*incertæ partis vindicatio*.

Nous y avons déjà fait allusion ci-dessus à propos

des actions réelles, et en particulier de la *rei vindicatio.*

Dans cette action, en effet, la plus-pétition est extrêmement redoutable, car le demandeur doit spécifier la chose sur laquelle il prétend avoir droit, et spécifier la quote-part qu'il réclame : « Si in rem » aliquis agat, debet designare rem, et utrum totam » an partem et quotam petat. » Nous sommes donc en face d'une action où la plus-pétition est admise, et où l'*intentio* est et doit être nécessairement *certa.*

Or, il peut se faire qu'une personne ait une juste cause d'ignorer la quote-part dont elle est propriétaire; c'est par exemple, un légataire auquel il a été fait *per vendicationem* un legs du fonds cornélien. Si on suppose que le testament a été fait de telle façon que la loi Falcidie doit s'appliquer, la question se présentera de savoir de combien le legs doit être réduit. Or, c'est là une question fort difficile à résoudre : comment donc pourra-t-il revendiquer le fonds cornélien ? Il ne peut réclamer la totalité; il ne peut non plus réclamer une quote-part déterminée, car il s'exposerait à une erreur, et encourrait ainsi une inévitable plus-pétition.

Il fallait donc évidemment venir au secours d'une pareille position, et aider le légataire à sortir de cette impasse inévitable, ne rien réclamer du tout, ou tout perdre en se permettant d'élever la moindre prétention.

C'est à cette occasion que s'introduisit l'usage de donner une *vindicatio incertæ partis,* dont l'*inten-*

tio devait être à peu pres celle-ci : « Quantam par-
» tem paret in ea re, ex jure Quiritium A. Agerii
» esse. » (*Loi* 76, § 1. *De rei vindicatione*).

Remarquons qu'aux termes du § 54 de Gaïus
(C. IV), cette *vindicatio partis incertæ* ne se donne
que *in paucissimis causis*, et qu'il serait par conséquent dangereux d'en chercher des applications en
dehors des textes précis. Toutefois ce serait un tort
de borner cette action aux légataires par application
de la loi Falcidie, et nous verrons qu'on l'accor-
dait pour une juste cause dans d'autres cas entièrement différents.

Nous trouvons dans la loi 3 § 2, *De rei vindicatione*, un autre exemple de cette *vindicatio incertæ
partis*. Titius mêle un lingot d'argent à lui appartenant avec un lingot qui était à moi. La confusion
est complète et ne permet plus de distinguer les deux
masses. Il est impossible de concevoir le résultat
de l'opération autrement que comme une chose désormais commune entre nous, en proportion de la
quantité que chacun a fournie : « Erit nobis com-
» mune, et unusquisque pro rata ponderis quod in
» massâ habemus vindicabimus. » Or, il peut se
faire que je ne sois pas très-sûr du poids de mon
lingot : comment donc pourrai-je rédiger ma *rei
vindicatio* ? C'est alors encore que se fait sentir l'utilité de la *vindicatio partis incertæ*.

Il en faudrait dire autant du cas où mon froment
a été mêlé au froment d'un autre : ici, je n'ai pas
cessé d'être, en droit, propriétaire de mon froment
dont les grains peuvent encore être distingués.

Cependant comme je ne puis savoir au juste quel nombre de mesures je possédais, la formule sera ainsi conçue : « Quantum paret in illo acervo suum » cujusque esse. » Ulpien suppose que la confusion a eu lieu sans la volonté des propriétaires, et il leur donne alors l'action *in rem* que nous savons. Mais, si la confusion s'était opérée par leur volonté, alors il ne donne qu'une action *communi dividundo*, car les deux monceaux n'ont plus une existence distincte : *tunc communicata videbuntur*. Dans ce cas le mélange est commun, et il y a lieu à une action en partage. Si, au contraire, le mélange a été fait par hasard, ou par le fait d'un seul, alors chacun demeure propriétaire des objets à lui, parce qu'ils n'ont pas cessé d'exister en nature : c'est alors qu'il y a lieu à la *vindicatio incertæ partis*. S'il s'agissait de choses bien dictinctes, faciles à séparer comme des têtes de bétail, il n'y aurait lieu qu'à une action réelle ordinaire (D. 6. 1. 5 pr. Ulp.). Remarquons une différence entre le cas de mélange (*commixtio*) dont nous venons de parler, et le cas de confusion qui précède, une différence notable. Trois cas sont à distinguer en matière de confusion : 1º ou c'est par la volonté des maîtres que la confusion a eu lieu ; alors, que les choses confondues aient formé ou non une nouvelle espèce qu'elles puissent ou non se séparer, le résultat de la confusion est toujours commun ; 2º ou c'est par hasard, et alors, la décision est la même : les choses confondues sont communes ; mais il faut supposer qu'elles ne peuvent plus être séparées ; car si elles le pouvaient, on devrait appliquer ce que nous avons dit *du mélange (utraque materia, etsi confusa manet)*; 3$_0$ enfin, ou c'est par le fait d'autrui. Si le confectionnaire a fait une espèce nouvelle elle lui appartient; sinon les choses confondues doivent être communes. (Inst. 11. 1. §§ 27 et 28. Dig. 41. 1. 7 § 8 et 12 § 1.—6. 1 ; 3 § 2 ;4 et 5 § 1. — 10. 3. 2. — 6. 1. 5 § 1).

Nous avons vu quelle controverse existait entre les proculiens et les sabiniens relativement à la plus-pétition au cas où un homme mourait laissant un fils et sa femme enceinte. Paul dans la loi 28 *De judiciis* au Digeste (§ 5, v. 1), mentionne la controverse ; mais Ulpien, dans la loi 3 (§ 5), *Si pars hœreditatis*, se prononce sans hésitation pour l'opinion des sabiniens. C'était donc, en définitive, ce système le plus logique, mais aussi le plus rigoureux qui avait prévalu ; mais il avait reçu, comme l'indique formellement Ulpien, un tempérament dans l'institution de *vendicationis incertœ partis.* Nous ne savons si ce tempérament fut admis pour le cas d'action intentée contre les débiteurs héréditaires ; peut-être eût-il été difficile de le concilier avec le principe de la division de plein droit des dettes et des créances héréditaires.

Quoiqu'il en soit, donnons quelques détails sur cette intéressante matière. Nous savons que la *petitio hœreditatis* se donnait contre toute personne « Qui vel jus pro hærede vel pro possessore posse- » dit, vel rem hæreditariam, licet minimam (*lois* 9 » *et* 10). » Elle exigeait, comme la revendication, que celui qui se portait héritier précisât le chiffre de sa demande : la plus-pétition y était donc fort à craindre.

Or, il peut très-bien arriver que l'erreur du demandeur sur la quotité de son droit ne lui soit pas imputable, et c'est précisément ce qui se présente dans notre espèce. Supposons, avec Ulpien, qu'à la mort du *decujus* il reste le fils d'un frère défunt, et les femmes de frères, eux aussi défunts, lesquelles sont enceintes. Pour quelle part le fils du frère pourra-t-il revendiquer l'hérédité? On l'ignore. Il est donc, on ne peut plus juste, de lui accorder une *vindicatio incertæ partis*.

Remarquons la fin de cette même loi 1, § 5 (5, 4) où Ulpien pose un principe général et d'une grande importance : « Non audenter itaque dicitur (il n'y a
» pas de hardiesse à dire) ubicumque merito quis
» incertus est quam partem vindicet, debere ei in-
» certæ partis vindicationem concedi. »

III. C'est enfin l'*actio arbitraria de eo quod certo loco*.

Nous avons vu ce qu'on entend par plus-pétition *loco*. J'ai stipulé une somme payable dans un certain pays; par exemple, je demeure à Rome, je stipule d'un homme qu'il me paiera tant à Ephèse. Quel est le tribunal compétent? Le tribunal du lieu où le paiement doit être effectué : tel est le principe. Sous le système formulaire, le demandeur doit mener le défendeur devant le magistrat, ce qui n'est pas toujours facile. Que faire dans notre espèce? Si je poursuis le défendeur autre part qu'à Ephèse, à Rome, je suppose, je commettrai une plus-pétition *loco*. Mais, pour me permettre de le poursuivre autre part qu'à Ephèse, on modifie l'action que j'ai contre lui. Cette nouvelle action ne pourra pas être exercée en un lieu quelconque, comme on pourrait le croire : elle ne le sera légitimement qu'au domicile du débiteur, ou à Rome, le domicile commun de tous les citoyens (voir loi 19, §4, *De judiciis*, 5, 1).

L'action ainsi donnée est modifiée d'une façon considérable. D'abord elle devient *arbitraire* (§ 31, *h. t. Institutes*); c'est ce qu'on appelle l'action *de eo quod certo loco* (§ 33, *Inst.*). En quoi consiste la satisfaction dans cette espèce ? Lois 1 et 4 *De eo quod certo loco*, 13, 4, Dig. La loi 4 est très-claire : Le juge qui connaît de cette action, doit, comme elle est arbitraire, absoudre le défendeur s'il donne caution que la somme sera payée là où elle devait l'être. Ce n'est pas le seul changement opéré par cette action : elle prend le caractère d'une action de bonne foi, en ce sens que si la satisfaction ne se produit pas, le juge a la plus grande latitude pour fixer le chiffre de la condamnation. Combien la somme payable à Ephèse vaut-elle à Rome ? Le juge appréciera, et tiendra compte, pour parler un langage moderne, *du change* d'une ville à l'autre. Loi 2, § 8, *De eo quod certo loco*. Telle est en résumé cette action. Qu'il nous soit permis d'entrer à cet égard dans quelques détails.

Remarquons d'abord que la formule arbitraire forme un genre à part, destiné spécialement aux actions *in rem*, et que ce n'est que par extension qu'on l'a attribuée à certaines actions personnelles, telles que les actions *ad exhibendum, finium regendorum*, et notre action *de eo quod certo loco*.

Si l'obligation dont il s'agit est poursuivie par une action de bonne foi, ou même par une action de droit strict ayant pour objet une chose indéterminée, et par conséquent une *intentio incerta*, cette plus-pétition ne nuit pas au créancier, parce que la demande étant telle, le juge pourra prendre en considération la différence de lieu, et diminuer d'autant la condamnation. Mais si l'action est une action de droit strict, ayant pour objet une *res certa* (*certum dare oportere condictio certi*), le créancier, en intentant une pareille action hors du lieu indiqué pour le paiement, devra perdre son procès; car le juge ne pourra pas condamner le défendeur à l'objet certain qui lui est demandé, parce qu'il ne le doit pas en ce lieu, ni tenir compte de la différence de lieu, puisque l'action est de droit strict avec *intentio certa*. Or, si le débiteur a soin de ne pas se trouver au lieu fixé, le créancier ne pourra jamais l'appeler *in jus*, puisque cette vocation ne peut avoir lieu contre une personne absente. Il ne lui resterait que les remèdes prétoriaux contre le débiteur qui se cache. D'autre part, il peut être utile aux deux parties que le paiement ait lieu autre part qu'à Ephèse, moyennant une une diminution. C'est à ces nécessités que le préteur est parvenu à satisfaire au moyen de l'*actio de eo quod certo loco*. On peut conjecturer avec M. Zimmern, que la formule est ainsi construite :

« Judex esto : si paret N. Nigidium A. Agerio cen-
» tum Ephesi dare oportere, neque eo nomine
» A. Agerio a N. Nigidio satisfactum erit quanti
» ea res erit condemna. » La satisfaction préalable
que le juge pourrait estimer suffisante *ex æquo et
bono,* peut être, suivant les cas, soit le paiement
de la chose due, en tenant compte de la différence
de lieu, soit même seulement une valable caution
de payer au lieu indiqué. C'est ce qu'indique
M. Ortolan dans le t. III des Institutes de Justinien.

Relativement à l'indication d'un lieu pour l'exécution d'une obligation, il est bon de faire une distinction entre les cas où cette indication est nécessaire, et ceux où elle résulte de la pure volonté des
parties. Il y a certaines obligations qui seraient
nulles et non avenues, si on n'indiquait pas où elles
doivent être accomplies : de ce nombre, sont les
obligations de faire et notamment celles de bâtir.
Par suite, n'était pas valable la stipulation ou le legs
en vertu duquel *Primus* était purement et simplement obligé à faire une maison pour *Secundus*; on
suppose que les parties n'ont pas eu de volonté sérieuse. Dans ce cas, si l'indication nécessaire avait
eu lieu, la plus-pétition n'était pas à redouter,
quelque part que le demandeur intentât son action.
La formule, en effet, était toujours *incerta,* et l'action se résolvait toujours en dommages et intérêts.
C'est ainsi que Papinien nous dit dans la loi 43 *De
judiciis* : « Eum qui insulam Capuæ fieri certo
» tempore stipulatus est eo finito quocunque loco
» agere posse in id quod interest, constat. »

Au contraire, si nous prenons les cas où l'indication d'un lieu n'était pas nécessaire, alors apparaît le danger de la plus-pétition, et par contre l'utilité de notre action *de eo quod certo loco*, car alors l'action est de droit strict et sera *certa*. Il est facile de voir comment les Romains voyaient là une véritable plus-pétition : Gaïus, dans la loi 3 *De eo quod certo loco*, nous l'indique en termes formels : « Scimus quam varia sint pretia rerum per » singulas civitates, regionesque, maxime vini, olei » frumenti. Pecuniarum quoque, licet videatur una » et eadem potestas ubique esse, tamen aliis locis » facilius et levibus usuris inveniuntur, aliis diffi- » cilius et gravibus usuris. » Ce n'était pas, au reste, la stipulation qui avait seule ce principe : c'étaient tous les actes de droit strict obligeant une personne à fournir à une autre une somme déterminée dans un lieu également déterminé : ainsi un contrat littéral, un legs. Quant aux actions de bonne foi, au contraire, aucune difficulté ne se présentait : « In bonæ fidei judiciis, etiamsi in contrahendo » convenit ut certo loco quid præstetur, ex empto » vel vendito vel depositi actio competit, non arbi- traria actio (Loi 7. *De eo quod certo loco*). »

Ce ne fut donc qu'à l'égard des actions de droit strict, et que pour la *condictio certi* que les préteurs venaient au secours des demandeurs. Nous avons vu de quelle façon ils s'y prirent, dans quels cas, en faveur de qui, et comment ils introduisirent l'*actio arbitraria de eo quod certo loco*. (Voir les lois 1, 2 et 4, § 1, *h. t.*)

Il est remarquable qu'en vertu de cette action, le juge avait un bien large pouvoir de condamnation « Quanti ea res erit condemna. » Aussi voit-on Ulpien approuver l'opinion de Julien, qui lui-même la tenait de Labéon, et d'après laquelle, si le créancier l'était en vertu d'un prêt à la grosse, le montant de la condamnation prononcée en sa faveur doit se composer de la somme première, des intérêts qui, en cette matière, pouvaient être stipulés sans limite légale, et aussi des dommages qu'a pu lui causer le retard ou le refus de payer, s'il a vu vendre ceux de ses biens qu'il avait donnés en gage, s'il a encouru une forte peine, ne pouvant pas lui-même payer ses det-

« tes : Quid enim, si trajectitiam pecuniam dederit,
» Ephesi recepturus, ubi sub pœna debebat pecu-
» niam, vel sub pignoribus : et distracta pignora
» sunt, vel pœna commissa mora tua vel fisco ali-
» quid debebatur, et res stipulatoris vilissimo dis-
» tracta est ? In hanc arbitrariam, quod interfuit,
» veniet : et quidem ultra legitimum modum usu-
» rarum. » (Loi 2, liv. xiii, t. IV.)

Il s'agit ici du *nauticum fœnus*, et en cette matière on ne peut pas dire, à proprement parler, qu'il y ait des intérêts. C'est plutôt une sorte de *periculi pretium* dont on peut convenir par simple pacte, sans limite précise, et en considération du péril, de l'*alea* auquel se soumet l'emprunteur. Si donc il y a ici, et en réalité, et selon le langage de la loi, un véritable *periculi pretium* plutôt que ce qu'on appelle *usuræ*, il faut dire que le demandeur agit non pas en vertu d'une *condictio*, mais au moyen d'une action *præscriptis verbis* basée sur l'*alea*. Voir à cet égard la loi 5 de *nautico fœnore* (22, 2) que l'on range parmi les *septem cruces jurisconsultorum*. Le § 1 y est ainsi conçu : « In his » autem omnibus et pactum sine stipulatione ad » augendam obligationem prodest. »

C'est au créancier qui redoute la plus-pétition à solliciter la modification qui sauvegarde son droit. Nous avons dit que les actions analogues à la *condictio*, qui naissent *ex testamento ex mutuo* reçoivent aussi ces modifications : il suffit pour ces deux cas de renvoyer à la loi 6 *De eo quod certo loco*, où il n'y a du reste absolument rien de spécial.

En résumé nous avons vu que les *in integrum restitutiones* remédiaient, mais par exception, aux quatre cas de la plus-pétition. Quant à l'institution des *vindicationes incertæ partis*, elle ne rémédiait qu'à certains effets de la plus-pétition *re*, de même que l'*actio de eo quod certo loco*, en ce qui concerne la plus-pétition *loco*.

Rien n'avait été fait pour la plus-pétition *causa*, et cela se conçoit facilement, si l'on considère qu'elle ne pouvait résulter que d'une erreur impardonnable.

Mais, il reste le cas de la plus-pétition *tempore*, et, à cet égard, il s'élève parmi les commentateurs une assez vive controverse. On se demande s'il existait pour ce cas une action arbitraire comme il y en avait une *de eo quod certo loco*. Nous ne le pensons pas quant à nous ; et s'il est vrai de dire, avec Cujas, que dans l'*actio de eo quod certo loco* le juge prendra en considération la circonstance de temps pour arbitrer le *quanti ea res erit*, nous ne pensons pas qu'il y eût une action arbitraire spécialement édictée pour régler un cas où la plus-pétition sentait bien la fraude, et où l'erreur légitime devait être exceptionnelle.

APPENDICE

DU SORT DE LA PLUS-PÉTITION SOUS LE SYSTÈME DE LA
PROCEDURE EXTRAORDINAIRE.

Nous avons vu en détail les principes de la plus-pétition sous la procédure formulaire; mais dans la procédure extraordinaire, où l'office du magistrat et du juge sont confondus, où le juge n'est plus renfermé dans les termes d'une formule, et où plus de latitude lui est accordée, ces conséquences de la plus-pétition cessaient d'être logiques; et comme elles étaient d'une rigueur inique, elles furent modifiées.

La logique exigeait que la déchéance disparût en même temps que le système formulaire, c'est-à-dire à partir du règne de Dioclétien, ère de la procédure extraordinaire; mais l'effet survit quelquefois à la cause, et c'est ce qui arriva dans notre institution. Quant à la plus-pétition *tempore*, l'empereur Zénon fut le premier qui introduisit une heureuse innovation; les trois autres cas ne furent réglementés à nouveau que par Justinien, lui-même (§ 33 *in fine, Institutes*).

Sous le système extraordinaire, l'exagération ne

peut plus se trouver dans l'*intentio* de la formule,
puisqu'elle n'existe plus : elle se trouve alors dans le
libellus conventionis.

En cas de plus-pétition *tempore*, Zénon a décidé
que celui qui a ainsi intenté son action *ante diem* ne
triomphera pas ; mais en outre, on doublera contre
lui l'intervalle entre l'instant de l'action et le jour
de l'échéance. Loi 1 au Code, 3-10. — § 10 *in fine*
De exceptionibus. Inst.

Quant aux trois autres cas, voici l'innovation de
Justinien : le demandeur n'encourt aucune déchéance ; mais le défendeur, ayant payé au *viator*
un salaire trop fort, pourra intenter une *condictio
ex lege* pour obtenir le *triple* de ce salaire qu'il a
payé en trop au *viator* (§ 24, h. t. Inst.).

C'est ainsi que la plus-pétition que nous connaissons, n'existe plus sous Justinien que de nom, rem-
placée quelle est par de légères peines pécuniaires.
Et comment en aurait-il pu être autrement, en face de
la disparition successive de toutes les anciennes institutions, et du formalisme rigoureux de l'ancien droit
romain. L'empire ombrageux ne pouvait laisser sub-
sister la distinction éminemment libérale du *judex*
et du *magistratus ;* et en même temps que disparais-
sait ce régime de procédure, avec ses inconvénients et
ses incontestables avantages, en même temps aussi,
et par suite des mêmes tendances et des mêmes progrès, disparaissaient ces différences inexplicables
alors entre les diverses sortes d'actions. Il faut bien
se garder de croire toutefois que l'ancienne distinction des actions de bonne foi et des actions *stricti*

juris ait entièrement disparue à tous égards, et s'il est vrai de remarquer que l'action *ex stipulatu de dote* est devenue de bonne foi sous Justinien, c'est là une exception qu'il faut restreindre à la réclamation de la dot, et qui est loin d'avoir le caractère général qu'on pourrait être tenté de lui attribuer.

Le titre 10, (livre III), au Code de Justinien contient deux constitutions différentes.

Dans la première, Justinien prévoit les deux cas de plus-pétition, *tempore* et *re*.

Pour le premier cas, il rappelle la constitution de Zénon, et la consacre. Le retard est imposé au demandeur sans qu'il ait droit à des intérêts pendant ce temps ; et alors même il ne pourra agir de nouveau, sans avoir au préalable indemnisé son débiteur : « Nec tunc agere ante potest, quam omnia » damna parti adversæ restituat. »

Pour le cas de plus-pétition *re* nous avons vu la décision. On donne ie nom de *sportulæ*, au salaire des *executores*. Il paraît d'après cette constitution que les huissiers exigeaient des salaires des deux parties, aussi bien du défendeur que du demandeur.

Ainsi donc, la plus-pétition n'existe plus sous Justinien ; il n'y a plus que certaines peines arbitraires édictées en vue de compléter le système de peines qui atteignaient ceux que les Romains appelaient *temere litigantes*.

Il est vrai que la deuxième constitution de Justinien paraît au premier aspect vouloir rétablir la plus-pétition. Mais, il n'en est rien : il ne s'agit dans cette constitution que d'une espèce toute spéciale, et Justinien décide dans ce cas que le créancier n'obtiendra pas la somme qu'il a mensongèrement ajoutée à sa créance, ni même la créance véritable : « Non solum falsa quantitate, set etiam toto debito » eum fraudari. » Justinien a voulu punir sévèrement un cas de dol particulier : voilà tout.

Nous sommes arrivé au terme de ce travail. Ce sujet est peut-être un de ceux qui caractérisent le mieux la procédure romaine, et où le génie des jurisconsultes se soit le plus brillamment exercé. Nous avons vu les préteurs corrigeant peu à peu la rigueur du droit civil, s'efforcer d'adoucir les conséquences iniques de la plus-pétition ; nous les avons vus lutter au nom de la justice contre le droit lui-même, et faire céder de plus en plus à l'*utilitas* les principes de l'*ipsum jus*. Lutte patiente et heureuse qui aboutit enfin à la suppression elle-même de notre vieille institution. Admirable travail des jurisconsultes romains marchant sans cesse, d'innovation en innovation, vers une perfection dont ils ont approché, autant que le leur permettait la société décrépite où ils vivaient, et la résistance d'institutions qui remontaient à la naissance même de la puissance romaine.

—

DE L'EFFET DÉCLARATIF

DU PARTAGE ET DE LA LICITATION

INTRODUCTION

Ce travail se divise en deux parties ; on étudiera d'abord la formation de l'art. 883 dans notre ancien droit, et ensuite on abordera l'explication de cet article lui-même, et les diverses questions qu'il fait naître.

Nous avons cru bien faire, dans un pareil sujet, de ne pas remonter jusqu'aux principes du droit romain, parce que la règle de l'art. 883 est précisément le contrepied de la règle romaine, et que s'il est bon, en général, de remonter jusqu'aux sources les plus anciennes, ce travail ne présente d'utilité que si les principes sont restés les mêmes à travers toute la suite des siècles. Or, ici il est digne de remarque qu'une transformation complète s'est opérée au moyen âge, et, après avoir posé simplement la règle romaine, nous aurons à étudier en détail et avec un soin minutieux la grande transformation qui a donné naissance à la règle nouvelle de l'article 883.

Ce travail historique présente une incontestable utilité; l'art. 883 s'est borné à poser la règle du partage déclaratif, et cependant une foule de questions s'élèvent qu'il ne résout pas, et dont la solution ne peut se trouver que dans notre ancien droit. Ce sera donc à la fois, une étude intéressante et utile que cette excursion à travers l'ancienne France, excursion où nous prendrons pour guide un savant auteur, M. Championnière.

Cet éminent jurisconsulte, profondément versé dans la connaissance du droit féodal, a su montrer avec une clarté et une science incomparables comment la règle romaine s'était peu à peu transformée, et jeter une lumière brillante sur l'histoire obscure et incomprise souvent de cet immense changement. C'est donc à lui que nous devons rendre hommage de toute la première partie de notre thèse, et nous sommes heureux de proclamer hautement cet éminent concours.

Tel sera donc le plan de notre thèse. Après avoir signalé brièvement le sytème romain, nous aurons à nous demander comment il a peu à peu succombé sous les efforts de nos jurisconsultes.

C'est au moyen âge, au moment où la féodalité avait remplacé la puissance royale, que commence la chute de la règle romaine. Alors le partage s'élève à la hauteur d'une question politique. Le droit

de partager se lie étroitement au droit de succéder ;
or ce droit de succéder avait été peu à peu octroyé
par le roi à ses grands vassaux, et c'est de là que
devait venir la révolution féodale, et la transformation de la règle romaine. En effet, dès lors que
l'hérédité des fiefs fut admise, il s'en suivit que la
faculté de partager fut la conséquence naturelle
d'un premier succès ; mais les seigneurs furent bientôt contraints d'accorder eux-mêmes à leurs propres
vassaux la même faculté qu'ils avaient obtenue des
rois. C'est ainsi, dit M. Tambour (1), qu'à côté de
la règle féodale, qui défendait au vassal d'aliéner
le fief sans le consentement de son seigneur, vint
prendre place cette autre maxime, en vertu de laquelle il put le partager sans son autorisation. Le
partage, qui d'après le droit romain constituait une
véritable aliénation, se trouva donc jouir d'un privilége exceptionnel.

Bientôt les seigneurs voulurent résister à leurs
vassaux et empêcher les partages entre les héritiers
sans leur autorisation, et, par la suite, sans un droit
de mutation. C'est ainsi qu'ils voulurent faire rentrer le partage dans la classe des aliénations défen-
dues sans l'autorisation seigneuriale ; mais leurs
efforts furent impuisssants, et, sauf quelques restrictions, au moyen du droit d'aînesse, le partage,
en principe, resta affranchi de la nécessité d'une
autorisation.

En même temps que s'opère cette transformation,

(1) Thèse de doctorat, *De l'effet déclaratif du partage des successions.*

le pouvoir royal grandit, et bientôt les droits seigneuriaux, perçus à l'occasion de chaque mutation,
sont remplacés par les droits fiscaux. Quel fut le
résultat de ce changement? C'est une autre phase
de l'étude historique que nous allons entreprendre.
Or, l'impôt féodal étant la représentation du consentement exigé de la part du seigneur, il devait
arriver nécessairement que le partage serait exempté
de tout droit fiscal, puisqu'il était antérieurement
affranchi de toute autorisation.

Mais, en même temps que cette révolution tendait
à détruire le caractère primitif de la féodalité, une
autre révolution plus importante s'opérait au sein
des études juridiques par suite de la rénovation du
droit romain. Les seigneurs invoquaient cette législation qui voit dans le partage une aliénation ; mais,
d'une part, la pratique avait déjà proclamé le principe de l'effet simplement déclaratif du partage, et,
d'autre part, les romanistes, ardents adversaires de
la féodalité et partisans actifs du pouvoir royal,
parvinrent, à force de subtilités, à trouver dans les
textes du droit romain la justification du système
déjà admis par la jurisprudence.

Jusqu'alors ce n'est que sur le terrain du droit
fiscal que nous avons vu apparaître la nouvelle doctrine ; au XVIe siècle, et malgré les efforts de Dumoulin, elle fait un pas immense, et s'introduit de plain-
pied, après une lutte assez vive, dans les matières
civiles. Dès le milieu de ce siècle, la jurisprudence
et les auteurs s'unirent pour proclamer que le partage n'est pas une aliénation, qu'il ne produit *qu'un*

effet déclaratif. Le principe ainsi posé, il fallait en tirer les conséquences : ce fut l'œuvre du xviie et du xviiie siècle.

Après avoir ainsi suivi l'histoire de cette matière jusqu'à la révolution française, nous aborderons enfin la partie principale de notre œuvre, et nous donnerons le commentaire de l'art. 883, commentaire qui est le véritable objet de notre thèse.

Pour compléter notre travail, nous dirons en terminant quelques mots de notre législation fiscale sur cette matière. Là, nous verrons comment la théorie du partage déclaratif, après avoir passé de la législation fiscale dans la législation civile, a obtenu dans celle-ci plus d'étendue et d'énergie que dans celle-là même où elle s'était d'abord formée.

PREMIÈRE PARTIE

ANCIEN DROIT FRANÇAIS (1)

Beaucoup de principes actuels ont leur origine et leur raison d'être dans le régime féodal : c'est là qu'ils y ont pris naissance, et chose remarquable, la plupart de ces axiomes juridiques, tels que celui de l'article 883, naissent souvent des faits et des événements, plus que du raisonnement et des déductions logiques. Le praticien arrive souvent avant le jurisconsulte, et ce dernier trouve tout faits et tout établis des principes qu'il ne lui est plus donné que d'expliquer et de justifier. Il ose interroger contrairement au juge, le sens et la raison de la loi, et la meilleure méthode qu'il puisse employer, c'est l'étude de l'histoire.

A deux époques, dit M. Championnière, les légistes ont abandonné la méthode historique, pour l'interprétation de la loi, au xviᵉ siècle et au xviiiᵉ siècle. C'est qu'alors on voulait plutôt innover que connaître ce qui existait en effet; le changement, plutôt que la saine interprétation des textes, était à l'ordre du jour.

(1) Voir M. Championnière (*Revue de législation*, t. VII, p. 405).

Aujourd'hui, l'acticle 883 est passé souveraine-
ment, et sans contestation désormais possible à l'é-
tat d'axiome juridique ; il a laissé de profondes
empreintes dans toute notre législation ; et, tel qu'il
est, il faut en reconnaître l'existence et l'universelle
influence. La loi y procède par fiction : pourquoi ?
Est-ce qu'en réalité, il y a, dans son principe,
quelque chose de plus fictif que dans le principe
contraire ? Tel n'est pas mon avis ; mais cette manière de procéder, ce tâtonnement résulte de cette
circonstance que l'article 883 est le résultat pratique de la majorité des arrêts au xvi$_e$ siècle, plutôt
que la conséquence, et la mise en scène de l'examen
judiciaire du faux et du vrai, découvrant un grand
principe, et lui donnant naissance au jour de la loi
positive. Toutefois, cet axiome a pour lui de graves considérations : c'est une sauvegarde pour l'héritier prudent à l'encontre d'un héritier dissipa-
teur, et pour la paix et la sécurité des familles. Cette
paix et cette sécurité étaient le but et les aspira-
tions des légistes au moyen âge, et c'est là la raison
qui explique pourquoi ils ont cherché à substituer
une règle nouvelle à l'ancien axiome romain, du
reste, aussi peu conforme à la nature des choses et
aussi fictif que l'article 883 lui-même. Le temps est
venu pour nous, d'exposer et de prouver cette assertion.

Le partage est le premier-né des contrats, et cependant, jamais on ne l'a nettement défini. Dumoulin a échoué lui-même à cette tâche ingrate, et il ne
faut pas s'en étonner. Cette difficulté tient à la na-

ture complexe et embarrassée de la copropriété dont il est la suite et la fin. Il est évident, en effet, que la copropriété ne se comprend pas facilement, et que cet état répugne de s'appeler ainsi, puisque la propriété, par essence et par nature semble quelque chose d'exclusif, de personnel, que nie et que détruit la copropriété, tout en gardant la même appellation.

Aussi, peut-être eût-il mieux valu considérer la copropriété comme un état *sui generis,* non exclusif, mais susceptible de le devenir au partage, par lui, et sans qu'il soit besoin d'un nouveau titre.

Quoi qu'il en soit, on ne l'a pas fait, et l'on a été conduit à admettre que chaque cohéritier *habet totum in toto et in qualibet parte,* ce qui répugne évidemment à la nature des choses. On a admis cette doctrine, afin que les héritiers conservassent chacun le droit qui lui est propre.

Il est facile de voir par ce simple et court aperçu que le système de l'*indivision* est entièrement fictif; donc le partage devait l'être lui-même. Aussi bien, la doctrine a pu venir changer sa nature, varier à son égard, puisqu'il n'a pas de caractère absolu. De quel droit donc certains auteurs, du reste fort recommandables, viennent-ils souvent argumenter de cette circonstance que l'article 883 est une fiction; nous saurons désormais quelle est la valeur d'une pareille objection.

A Rome, avons-nous dit, on a discuté sur le caractère du partage : il y tenait de la vente et de l'échange à la fois, mais sans être ni l'une ni l'autre.

Toutefois il est certain que, selon les jurisconsultes, le partage contenait une aliénation : *Pars tua mihi adjudicatur, mea tibi.*

Il y a donc, incontestablement, une grande et immense différence entre ce partage et le nôtre : l'un est attributif, en d'autres termes, l'autre est déclaratif.

Examinons rapidement les causes et les péripéties de ce grand changement introduit au xvie siècle dans la nature même du partage.

Au moyen âge, un système de propriété territoriale s'était établi dans presque toute la France, et particulièrement au nord, système de propriété qui correspondait à deux maîtres simultanés et dépendants l'un de l'autre, le seigneur et le vassal : de là les fiefs, les censives et les tenues serviles.

Cet état de choses bizarre et anormal avait produit cette règle que l'un des deux propriétaires ne pouvait se substituer un tiers sans le consentement de l'autre. Mais bientôt, cette prohibition d'aliéner fut bornée au vassal, et la sanction fut souvent d'une excessive rigueur. Pour le moins, le défaut d'autorisation entraînait la nullité de l'aliénation de ce qu'on appelait alors le domaine utile, par opposition au domaine direct appartenant au seigneur suzerain.

A cet égard, il s'éleva bientôt une importante question relativement au domaine utile. L'interdiction d'aliéner comprenait-elle celle de partager. C'est là qu'est l'orgine de notre règle nouvelle. Mais à l'époque où la question se présenta, les juges étaient hommes d'épée, et quand les docteurs se réveillèrent,

la doctrine nouvelle existait en fait et était devenue
un principe de droit public. Partager n'était plus
aliéner comme à Rome ; donc, là où l'aliénation
était positivement défendue, le partage était permis
et pratiqué.

Mais la lutte armée fut longue ; elle se prolongea
vivement entre les grands et les petits vassaux , et
ce ne fut qu'après une longue et opiniâtre résistance
de la part des premiers, que la règle nouvelle fut définitivement admise.

Le roi et les grands feudataires défendirent le
partage entre leurs subalternes; mais le partage héréditaire résista victorieusement parmi ces derniers,
moins intéressés que les grands vassaux à la conser-
vation des grands fiefs et de la puissance féodale.
Les vassaux subalternes continuèrent donc à partager, malgré la défense, et les grands vassaux, ne
pouvant s'y opposer, ne reconnurent pour vassal
que le propriétaire du manoir principal. C'est cette
dénégation du partage, en présence d'un partage
matériel et effectif, qui donna naissance au *pa-
rage*.

Mais ce fut en vain qu'on lutta contre cette ten-
dance ; la division héréditaire se perpétua, sauf une
part supérieure qui fut attribuée à l'aîné de la famille.

C'est ainsi que l'on admit de force le partage, là
où l'aliénation était impossible, et cela malgré la
règle romaine, et sans qu'on cherchât à justifier une
si importante innovation.

Mais remarquons que cette faculté n'existait alors

que dans les partages héréditaires ; le consentement du seigneur était encore exigé pour tout autre partage entre copropriétaires indivis.

Bientôt, les relations féodales diminuant d'importance, tout changea, et les seigneurs, ne tenant plus autant à l'intégrité de leurs fiefs, vendirent à prix d'argent le droit d'aliénation. Mais, entre héritiers, le partage ne donna lieu a aucun droit de mutation ; car le partage, se faisant jadis sans le consentement du seigneur, était nécessaire à son égard. Telle était la jurisprudence et la pratique. Elle s'expliquait historiquemment et d'elle-même, ainsi que nous venons de le démontrer brièvement.

Mais les jurisconsultes ne se bornent pas à faire connaître les droits de chacun ; il veulent les expliquer et les déduire de règles plus générales : de là il est arrivé que la conséquence a souvent produit le principe. La tâche n'était pas facile de légitimer les décisions du droit féodal quant au partage héréditaire. Comment d'abord n'est-il pas compris dans la probibition d'aliéner ? Comment ensuite est-il affranchi des droits de mutation ? Quelques souvenirs historiques auraient suffi pour expliquer cet affranchissement ; mais alors l'histoire était dédaignée : aux causes réelles, les légistes substituèrent des textes romains.

La succession en ligne directe, s'opérant sans le seigneur, était exempte de droits. Mais cela ne suffit pas, et on recourut aux Instituts pour y chercher cette explication : *Quia filius censetur una et eadem persona cum patre.* Cette explication tardive et malheureuse parce qu'elle n'en est pas une, et n'est qu'un vain son, a prévalu, et les feudistes, contents à bon marché, n'en voulurent pas d'autre.

Voilà pour l'exemption de droits au cas de transmission héréditaire, exemption qui précéda dans l'ordre chronologique et logique l'exemption en matière de partage. Quant à ce dernier acte, il fallut aussi trouver dans cette loi romaine si complaisante, l'origine des dispositions coutumières ; à force de bonne volonté on finit par l'y trouver, et par lui attribuer l'honneur que les jurisconsultes français méritaient seuls comme récompense de leur utile innovation

Voici la marche suivie à cet égard : il est curieux de la mentionner à cause de sa bizarrerie. Les commentateurs donnent les mêmes règles pour les usages féodaux, et pour le droit emphytéotique ; or, l'emphythéose pouvait se diviser entre les héritiers, quoiqu'elle ne fut pas aliénable. Comment justifiait-on une pareille anomalie ? Jason remarque que la loi 12 *De condictione furtiva* ne considère pas comme soumis aux règles des copartageants, celui contre lequel l'action en partage a été exercée; donc le partage, conclut-il a un caractère particulier différent de l'aliénation.

Cette futile distinction fut accueillie généralement et bientôt on admit que toute aliénation *nécessaire* n'était pas comprise sous la défense générale d'aliéner. Puis les légistes invoquèrent tous les textes faisant du partage un acte *forcé*, et ils en tirèrent

naturellement la conséquence si ardemment con-
voitée.

C'est ainsi que de *l'emphytéose* la décision passa
aux fiefs , et désormais l'affranchissement du partage fut censé dériver des lois romaines.

Cette explication hasardeuse justifiait l'exemption des droits de mutation, mais elle ne changeait
pas jusqu'alors le caractère romain du partage. Le
partage restait translatif; mais en sa qualité de
nécessaire, il était affranchi des droits seigneuriaux.

Il est bon de remarquer ici que la doctrine prit
d'abord naissance dans les matières fiscales, et que
ce n'est que par la suite qu'elle s'étendit aux matières civiles, où par une bizarrerie que nous ex-
pliquerons en son lieu, elle acquit et possède
encore une influence bien autrement importante
que dans sa patrie d'origine. — Ici les légistes, adversaires ardents, cherchent par tous les moyens
possibles à battre en brèche la féodalité à son dé-
clin; mais, plus tard quand la royauté se substitua
aux seigneurs, ces mêmes hommes restreignirent
eux-mêmes la portée de leur principe, et favori-
sèrent l'extension des prérogatives fiscales.

Examinons en quelques mots la valeur de l'interprétation romaine qu'il voulurent donner à la
jurisprudence. Nous verrons qu'elle était sans aucun fondement, et qu'elle était démentie par ces
mêmes coutumes qu'elle voulait expliquer.

Nous avons observé avec juste raison que la
faculté de partager est la conséquence du droit héréditaire; aussi cet acte était-il interdit entre autres

que des cohéritiers ; en dehors de ces derniers, il fallait selon les coutumes féodales, payer le profit aux seigneurs. Or, la loi romaine ne fait aucune distinction de cette sorte ; il faut donc en conclure que cette loi ne pouvait expliquer la doctrine nouvelle.

Mais, les docteurs, persistant à outrance dans leur théorie, répondent à cette objection en disant que le partage entre simples associés, n'est pas précisément nécessaire parce qu'il est le résultat d'une indivision volontairement acceptée.

Cependant, Dumoulin, le grand adversaire de la féodalité et le grand romaniste à la fois, enseigna que les associés devaient jouir du même privilége que les cohéritiers, et les auteurs pensant après lui et sur sa foi que telle était la règle romaine, n'hésitèrent pas à proclamer le même principe. La jurisprudence, elle-même, quelque temps hésitante et incertaine, finit par suivre les errements de la nouvelle école, et la règle féodale tomba. Toutefois un débris a subsisté de l'ancienne distinction ; on ne met pas sur la même ligne les associés à titre commun, et ceux dont les droits à l'indivision n'ont pas même date. Cette distinction a survécu, dit le savant M. Championnière, comme un vénérable débris du droit féodal dans *la pratique actuelle des perceptions*.

Cette première contradiction entre la coutume et l'explication romaine n'était pas la seule, on le conçoit facilement. En effet, le partage n'est une nécessité que pour le défendeur. Or, les coutumes

n'ont jamais admis cette distinction. D'ailleurs, en
admettant cette explication, la vente sur expropriation aurait dû être dispensée des droits de mutation,
et cependant il n'en était rien.

Enfin, l'adjudication d'un objet indivis au profit
d'un étranger était soumise aux droits seigneuriaux,
et cependant il y a là un acte qui participe, sans
contredit, de la nature *nécessaire* du partage.

Malgré le vice de l'interprétation doctrinale appliquée au droit coutumier, le partage, on le voit,
restait toujours *translatif* : les principes paraissaient
sauvés, mais ils devaient disparaître avec la féodalité, pour faire place à une nouvelle doctrine dont
nous allons brièvement étudier la naissance et les
progrès.

La renaissance du droit romain avait été précédée,
nous l'avons dit, du règne des praticiens, et notamment d'un parlement essentiellement coutumier,
celui de Paris.

Or, par suite des observations qui précèdent, il
est facile de voir que les praticiens eurent constamment à distinguer les aliénations interdites, des
partages autorisés : dans leur esprit, ces deux actes
se présentèrent continuellement avec un caractère
tout différent. Aussi, est-il naturel de dire qu'ils en
arrivèrent à penser que le partage n'est pas une
aliénation. Deux sortes d'actes existaient ; les actes
translatifs et les actes simplement *déclaratifs*. Le
caractère apparent du partage le fit naturellement
ranger, peu à peu, parmi ces derniers. L'œuvre
était faite quand arrivèrent les jurisconsultes. Les

hommes de pratique ne s'étaient inquiétés ni du comment, ni du pourquoi de la transformation, et longtemps le nouveau principe avait vécu sans être sujet à aucune inquiétude. Au surplus, les raisons du nouveau principe étaient abondantes, et elles valaient mieux que celles des docteurs que nous avons surabondamment énoncées ci-dessus.

A la mort du vassal, en effet, ses enfants étaient les hommes nés du seigneur : il n'y avait donc pas de nouveau vassal à accepter en réalité. Or ce qui était vrai des personnes s'étendit facilement *aux biens*, et l'on arriva naturellement à dire avec une grande justesse que le partage ne contient pas de mutation.

Au reste, quand les docteurs disent que c'est un acte nécessaire, ils ne sont pas contredits par les praticiens : pour eux aussi, le partage est nécessaire, non pas entre les cohéritiers, mais à l'égard du seigneur qui ne pouvait l'empêcher, et par conséquent n'avait droit à aucun profit de mutation. Dans ce sens, le motif était parfaitement exact, mais il se dénatura en se rattachant au droit romain, car entre héritiers le partage n'est nullement nécessaire, comme on l'a prétendu.

C'est ainsi que la doctrine du partage *déclaratif* naquit au palais, s'y implanta et sut résister dans sa force acquise, aux nombreuses attaques qu'elle devait recevoir du droit romain ressuscité.

Longtemps, les jurisconsultes, imbus du droit écrit, la repoussèrent comme une profane introduite par mégarde dans le temple de Thémis; lorsqu'ils furent enfin forcés de l'admettre, ils eurent soin d'en indiquer avec une sorte de mépris la source pratique, et longtemps même elle dut se restreindre humblement aux matières féodales. Là elle suscitait moins de passions parce qu'elle aidait les légistes à battre en brèche la puissance féodale.

Ce fut en matière de retrait lignager qu'elle apparut pour la première fois dans les matières civiles. Dans l'espèce, on repoussa le retrayant, sous prétexte qu'il y avait eu aliénation nécessaire : ce n'était là qu'un motif mensonger.

Une autre question s'éleva bientôt relativement à la doctrine des propres : là encore le système praticien prévalut, et ce fut un grand progrès pour la nouvelle doctrine. Nous pouvons voir dans cette affaire et dans la décision qui fut rendue à son égard, l'origine historique de notre art. 1408.

Mais la question ne s'était pas encore débattue sur un point entièrement civil. L'occasion en fut offerte par une discussion relative à la lésion nécessaire pour amener la rescision du partage. La jurisprudence se contente de la lésion du tiers au quart. C'était admettre implicitement la doctrine du partage déclaratif, et c'est bien ainsi qu'on l'entendit au palais ; mais Dumoulin ne voulut voir là qu'un effet de la nécessité du partage.

Enfin il se présenta une célèbre discussion où le caractère intime du partage devait nécessairement être déterminé. Il s'agissait de savoir quel serait le sort de l'hypothèque créée sur le fonds indivis avant l'acte de partage.

Les docteurs romains déclarèrent que le partage « non mutat causam pignoris, sicut nec alienatio » ulla. » Mais dès le commencement du xvie siècle, la doctrine change; les jurisconsultes déclarent preque unanimement que chaque copropriétaire est censé avoir été propriétaire de son lot depuis le commencement de l'indivision, et annulent en conséquence les hypothèques ou les saisies intervenues pendant l'indivision.

Dumoulin, indigné, soutint énergiquement la doctrine romaine, mais il échoua contre un irrésistible courant, et sa résistance fut le dernier soupir du système ancien. Lui-même finit par revenir sur sa première colère et par admettre l'idée qu'il avait combattue.

Depuis lors, tous les jurisconsultes ont adopté la règle de l'art. 883, dans les mêmes termes à peu près ; aucun ne discute, la doctrine nouvelle paraît incontestable à tous ; et, de jour en jour, elle prend une place incontestée dans toute la législation.

Par suite d'une habitude irréfléchie de langage, les feudistes ont encore longtemps reproduit la doctrine de la *nécessité* du partage, pour expliquer l'exemption des droits seigneuriaux, mais c'était une vieille erreur dont les derniers vestiges disparurent à la veille de 89. Ce fut Henrion de Pansey qui attribua *l'exemption des droits* à la règle du partage *déclaratif*. Cet auteur ne se demande pas si la doctrine est ou non antérieure à l'affranchissement. Or, nous avons vu qu'elle en *dérive* plutôt que de l'avoir produit. Sa doctrine explique donc théoriquement l'exemption, mais elle n'en est pas le producteur et le réel motif.

Il ne faut donc pas, dit avec justesse M. Championnière en se résumant, prendre pour cause ce qui ne l'est pas, ni attribuer comme effet à une cause la règle précisément qui l'a produite. La véritable sagesse consiste à donner à un principe la place qu'il occupe dans la hiérarchie doctrinale.

Mais l'art. 883 parle, outre le partage pur et simple, de la licitation, et du partage avec soulte implicitement. L'application de l'art. 883 à ces actes tient aussi au régime féodal. On y trouve la suite logique de déductions tirées d'une considération fausse, et de décisions étrangères ; mais ici, docteurs et praticiens marchent d'accord, ou plutôt les premiers saisissent et développent l'œuvre des seconds. Ici, les feudistes nous fournissent, du reste, une lumière plus certaine et plus abondante.

Tel est l'historique de la transformation, relativement au partage pur et simple, c'est-à-dire au partage en nature ; mais avant de parler des licitations et des soultes ou retours de lots, il n'est peut-être pas inopportun de voir comment nos anciens auteurs avaient essayé de justifier la règle nouvelle.

Jusqu'au xvie siècle, on ne découvre dans les auteurs que les deux systèmes que nous avons déjà indiqués, l'un se fondant sur la *nécessité* du partage, l'autre proclamant que le partage ne contient *aucune aliénation*. Il est évident que la première explication ne pouvait sur le terrain civil justifier, par exemple, la rescision des droits consentis pendant l'indivision des copropriétaires. On s'en tint donc au deuxième système; mais comment expliquer scientifiquement un principe si complétement en désaccord avec le droit romain? Un grand nombre de systèmes se produisirent sur ce point , et nous allons essayer de les résumer en quelques mots.

I. Dumoulin, partisan de la doctrine de la nécessité, avait indiqué vaguement une autre raison qu'il formule ainsi : « Divisio, vel assignatio, *dit-il* (1), » postea inter eos secuta non videtur esse mutatio » nec translatio, sed *consolidatio* in unum ex iis » quæ inter eos quibus est res communis permit-» titur. » Cette idée de *consolidation* paraît avoir été adoptée par Henrion de Pansey, quand il dit : « La cause de l'exemption des droits dans les partages, c'est que ce qu'on acquiert par les partages, c'est, non pas la chose, mais la facilité d'en disposer à son gré, l'*extinction* des droits de ses copropriétaires. »

II. Dans une seconde opinion, le partage n'est pas translatif, parce que cet acte consiste non pas dans une acquisition de la part indivise des autres copartageants, mais dans une *renonciation* consentie par ces copartageants; cette idée a beaucoup d'analogie avec celle qui précède (2). Ce système ne nous paraît pas admissible. Il n'y a pas d'analogie, comme on semble le dire, entre l'effet du partage et celui de la renonciation à une succession. L'héritier qui

(1) *Traité des fiefs*, § 33, glos. I, n₀ 70.
(2) *Ibid.*, Du relief, n° 19. — Hervé.

refuse d'accepter, refuse d'acquérir un droit, mais, s'il a accepté et qu'il renonce à tel ou tel droit, il y a là une renonciation à un *droit acquis*, et, par conséquent, une véritable cession de ce droit.

III. Lebrun rattache l'effet déclaratif du partage à notre règle coutumière : *le mort saisit le vif.* « Personne ne doute, dit-il, que lorsqu'on a établi cette maxime, l'on n'ait entendu que le plus prochain héritier était saisi, du jour du décès, de tout ce qu'il devait avoir par l'événement du partage, aux charges que le partage a imposées (1). Ces deux règles sont en parfaite harmonie, si bien que l'une doit être regardée, suivant l'expression du savant professeur, M. de Valroger, comme le dernier terme et le complément de l'autre.

Cette explication n'est pas satisfaisante à tous égards ; la maxime de l'art. 883 n'est pas, comme semble le dire Lebrun, une simple application de la maxime : *le mort saisit le vif*. Autrement il serait difficile d'expliquer comment les partages de communauté et de société furent réputés, ainsi que nous le verrons, déclaratifs.

IV. M. Demolombe rappelle l'opinion de Louet et de Domat. « On ne manque pas, dit-il (2), de bonnes raisons pour justifier notre maxime en ce qui concerne le partage en nature. L'indivision dans laquelle se trouvent les cohéritiers est en effet nécessairement soumise à la condition du partage ;

(1) Liv. iv, chap. 1, n₀ 36.
(2) Demol., t. V, n° 258, *Successions.*

chacun d'eux, en conséquence, peut être considéré comme propriétaire, sous une condition suspensive, de ceux des biens de la masse héréditaire qui seront compris dans son lot, et comme propriétaire, seulement sous condition résolutoire, de ceux des biens qui seront compris dans les lots de ses cohéritiers; et l'effet rétroactif de la condition accomplie est ainsi logiquement que chacun d'eux est censé avoir toujours été propriétaire des biens à lui échus, et n'avoir jamais été propriétaire des biens échus à ses cohéritiers. »

C'est ce qu'exprime Louet en ces termes : « Qui » rem pro indiviso possidet, non est dominus in- » commutabilis;... rei certæ aut corporis certi non » est nisi cum onere divisionis : » c'est pourquoi il ne peut vendre, aliéner et hypothéquer qu'avec la condition du partage ou division (1). »

V. Enfin une cinquième doctrine est admise par Pothier et quelques autres auteurs. Elle consiste à dire que le partage est un acte *déterminatif*. « Le partage, dit Pothier (2), n'est donc pas considéré comme un titre d'acquisition par lequel chaque cohéritier acquiert une part indivise de ses cohéritiers, mais c'est seulement un acte déterminatif des choses auxquelles chacun des cohéritiers a succédé au défunt, chacun des cohéritiers, qui n'était héritier qu'en partie, n'ayant pu succéder à toutes, mais seulement à celles que lui assignerait un jour le

(1) Louet, *Recueil d'arrêts*, 11, XI, n₀ 2.
(2) Pothier, *Successions*, chap. 4, art. 5, § 1.

partage que la nature de l'indivis de la succession exigeait. »

« C'est-à-dire, ajoute avec sagacité M. Demolombe, en d'autres termes, que l'effet du partage est de restreindre le droit de chacun des cohéritiers plutôt que de l'augmenter, qu'il est plutôt *dévestitif* qu'il n'est *investitif;* et que, enfin, chacun d'eux conserve, après le partage, sa portion héréditaire, non pas *jure accrescendi*, mais bien *jure non decrescendi,* comme il conserverait l'hérédité tout entière après la renonciation de ses cohéritiers (1). »
« Unité de formule, multiplicité de théories, telle apparaît la fiction française de l'effet déclaratif du partage (2). »
Voilà ce que nous avions à dire du partage en nature et de la justification de la nouvelle doctrine. Il est temps maintenant d'aborder la licitation et le partage avec soulte. La justification sera ici beaucoup plus difficile; car comment l'appliquer à la licitation qui a pour résultat d'attribuer, moyennant un prix, à l'un des copartageants, la totalité d'un bien dans lequel il n'avait droit qu'à une partie? En réalité, on peut dire que c'est une véritable vente, et c'est bien effectivement la thèse que l'on soutenait encore au xvi⁰ siècle, alors que le triomphe du partage déclaratif était partout admis relativement au partage en nature. Voyons à cet égard l'historique de notre législation.

(1) Demol., *Success.*, V, n⁰ 258 *(loc. sup. cit.)*
(2) Tillard, p. 180.

Sous le régime de la féodalité, les seigneurs voyaient d'assez bon œil la licitation qui, contrairement au partage, avait cet avantage de ne pas amener le démembrement des biens.

Mais, lorsque les relations féodales diminuant d'importance se transformèrent en moyens de battre monnaie, et de militaires qu'elles étaient, devinrent pécuniaires, les seigneurs revinrent sur leurs premières complaisances : « La bonté et la simplicité de nos aïeux, dit d'Argentré (1), ne s'en étaient beaucoup éveillées, souffrant en bonne paix que chacun se dépêchât en cela par grâce et concorde à titre de partage... jusqu'à ce que aucuns, par aventure plus avisés que prud'hommes, ont voulu profiter parmi les affaires de leurs voisins, et ont commencé à tirer cela à titre et autre conséquence de vente. »

Il arriva donc que, à l'époque de Dumoulin, les seigneurs exigeaient les droits des lods et ventes en cas de licitation et sur la totalité du prix payé par l'adjudicataire à ses cohéritiers.

Le puissant adversaire de la féodalité donna le signal de la révolte, et la victoire fut complète. Voici, en résumé, comment il rend compte de la lutte ardente qu'il eut à soutenir à cette occasion.

« Je venais, dit-il (2), de terminer ce chapitre, et je montrais à mon fils aîné mes vieux registres, lorsque je trouvai, parmi mes notes, un arrêt de

____

(1) Partage des nobles, *quest.* 40.
(2) Cout. de Paris, t. II, *des cens.*, § 78, glos., 1, n° 170.

notre Cour suprème rendu conformément à mon opinion ; je le fis transcrire et ajouter ici par mon fils. »

Cet arrêt qui date du mois de mars 1538 est de la plus haute importance dans l'histoire de la licitation. N'est-il pas vrai, du reste, que la licitation est elle-même, comme le partage, une aliénation nécessaire? N'est-elle pas, selon la pensée de M. Demolombe, un moyen nécessaire du partage lui-même, lorsqu'il s'agit de choses qui ne se peuvent pas diviser? C'est ce que fit observer Dumoulin : « Illa » assignatio, *disait-il,* incipit et dependet a causa » *necessaria* divisionis. »

Mais la jurisprudence n'admit d'abord l'exemption des droits que jusqu'à concurrence de la part de l'adjudicataire licité. Ce ne fut que quelque temps après qu'il fut jugé que le cohéritier adjudicataire ne devait les lods et ventes ni pour sa part, *ni pour celle de ses cohéritiers.* Quant à Dumoulin, qui avait d'abord distingué selon que les étrangers avaient été ou non admis à enchérir, il finit lui-même par abandonner une distinction dénuée de prétexte, et cette doctrine beaucoup plus logique fut en 1580, lors de la réformation de la coutume de Paris, consacrée en ces termes par l'art. 80 :

« Si l'héritage ne se peut partir entre cohéritiers, et se licite par justice sans fraude, ne sont dues aucunes ventes pour l'adjudication faite à l'un d'eux ; mais s'il est adjugé à un étranger, l'acquéreur doit vente. »

Sur cette disposition, les seigneurs jaloux soulevèrent mille difficultés et mille prétentions. On devait s'y attendre, mais la jurisprudence, de concert avec la doctrine, décida que le principe consacré par l'art. 8o était applicable « aux objets qui ne peuvent pas se partager sans inconvénients, aussi bien qu'aux objets qui sont impartageables ; aux associés ou autres copropriétaires, aussi bien qu'aux cohéritiers ; aux licitations enfin faites devant notaire aussi bien qu'aux licitations faites en justice. » (Comp. Merlin, *Répert.*, v. *licitation*, § 4) (1).

Tel était l'ensemble des règles fiscales en matière de licitation : voyons comment elles s'introduisirent dans le droit civil : la résistance fut sérieuse.

Dès le XVIe siècle l'affranchissement fiscal de la licitation avait été proclamé, nous l'avons vu, par Dumoulin, et ce ne fut qu'au XVIIe siècle que la nouvelle doctrine fit son entrée dans les matières civiles. La question se présenta d'abord relativement au retrait lignager et fut résolue dans le sens favorable à la règle nouvelle, sur les conclusions de l'avocat général Talon. Les nouveaux principes introduits sur ces entrefaites par le fisc royal, entravèrent, pendant quelque temps, l'application de la théorie dans le droit privé ; mais Lebrun et Pothier la firent définitivement prévaloir. « La licitation, disait Lebrun, ne fait avec le partage qu'une même affaire et un même contrat ; elle n'est qu'un accessoire et une dépendance du

____

(1) Demol., t. V, *Success.*, p. 308, n° 258.

partage; et les cohéritiers, en licitant, n'ont évidemment l'intention que de partager. »

Puis, au commencement du xviiie siècle il arriva que le fisc royal vint prendre place à côté du fisc seigneurial, au moyen de l'impôt du centième denier. L'édit déclara les licitations soumises à l'impôt; mais on n'y soumettait pas la portion appartenant déjà au copropriétaire adjudicataire.

C'est ainsi que la nouvelle théorie née au sein du droit fiscal, a eu dans cette matière moins de succès que dans les matières civiles où elle avait eu tant de peine à prendre racine.

Nous allons voir que le partage avec soulte était régi par les mêmes principes que la licitation avec laquelle il offre une analogie frappante, et soumis aux mêmes vicissitudes et aux mêmes droits.

Au xvie siècle, on payait encore les droits seigneuriaux au cas de soulte ou retour de lots, et c'était assez plausible, du reste. Car, qu'est-ce que la soulte, si ce n'est le prix au moyen duquel l'un des cohéritiers paye de ses propres deniers, la portion qui dans son lot excède sa part héréditaire? Le partage avec soulte est une véritable licitation faite à l'amiable.

Il est bon ici de remarquer ce qui distingue essentiellement la soulte de tout autre acte, et de ne pas la confondre avec le cas où ce sont les biens mêmes de la succession qui se trouvent inégalement répartis, à raison de leur différente nature, entre les héritiers, si d'ailleurs chacun des cohéritiers a toute sa part, et rien que sa part dans les biens héréditaires. Dans ce cas, il n'y a qu'un partage ordinaire, car finalement chacun n'a reçu que la portion à laquelle il a droit, quelle que soit d'ailleurs la nature des biens qui composent son lot. Ce serait donc à tort qu'on appliquerait le nom de *soulte* à de telles combinaisons.

Mais, s'il y a véritablement soulte, il est facile de comprendre qu'on ait vu là à l'origine une véritable vente avec toutes ses conséquences. Toutefois, les seigneurs finirent par succomber, et la législation civile ne tarda pas non plus à établir une entière assimilation entre la soulte et la licitation. La soulte, en effet, est comme la licitation un moyen nécessaire et utile dans les diverses combinaisons du partage. Mais cette base de la *nécessité* ayant été abandonnée pour le système qui prétend que le partage ne contient *aucune aliénation*, toute base manquait à l'assimilation de la soulte avec le partage en nature. Aussi, quand vint la législation sur le centième denier, en décembre 1703, le fisc royal atteignit les partages avec soultes ou retours de lots ; et cela, dit fort justement M. le président Nicias Gaillard, « beaucoup moins par une différence naturelle entre les deux choses, que parce que le fisc royal faisait lui-même sa condition, et ne trouvait pas, dans les jurisconsultes, ces adversaires obstinés, qui n'avaient cessé de battre en brèche les droits seigneuriaux, et même la féodalité, au grand profit de la royauté (1). »

(1) *Revue critique de législ.*, 1855, t. VII, p. 500.

Tel est l'historique abrégé de la formation et de l'extension de notre nouvelle doctrine ; elle s'étendit aux actes équivalents, aux actes préparatoires à partage et à toutes les sortes d'indivisions ; et, quand arriva la révolution de 1789, toutes les grandes questions, qui s'agitent encore aujourd'hui, avaient été discutées et prévues dans l'ancien droit.

C'est là que nous irons chercher une source de lumières pour guider notre marche, et que nous trouverons l'explication la plus sûre de l'art. 883 lui-même. « C'est en cet état, dit M. Demolombe, que les rédacteurs de notre Code ont trouvé ce sujet, lorsqu'ils ont eux-mêmes consacré la doctrine du partage déclaratif dans l'art. 883. »

DEUXIÈME PARTIE

———

DROIT ACTUEL

Lorsque plusieurs personnes ont sur un même objet et sur toutes les parcelles de ce même objet, un droit absolu, limité par un concours réciproque, ces personnes sont dans un état qu'on appelle l'indivision. Il y a dans cette sorte de communauté, de copropriété, quelque chose d'arbitraire et de gênant dont le législateur doit désirer et veut la cessation. Aussi favorise-t-il le seul acte qui puisse répondre à son désir, c'est-à-dire le partage. A Rome, nous l'avons dit, le partage était attributif de propriété, et il en résultait cette conséquence que chacun des copropriétaires était l'ayant-cause de l'autre, et devait respecter les droits consentis pendant l'indivision sur sa part indivise par son copropriétaire. Aujourd'hui, notre règle est entièrement différente et, selon l'expression de M. Demolombé que nous ne pouvons trop souvent citer, l'effet du partage n'a pas lieu *ut ex nunc*, comme du jour du partage, mais au contraire, *ut ex tunc*, comme du jour de l'ouverture de la succession ; il rétroagit en conséquence jusqu'à ce jour ; il est, en un mot, *déclaratif,* ou, comme disait Pothier, purement *déterminatif et démonstratif* de la part de chacun des copartageants.

Est-ce là comme on le dit trop souvent une fiction ou bien n'est-ce qu'une règle ordinaire posée franchement par le législateur? Nous avons déjà dit quelques mots de cette question, et nous croyons qu'il est bon d'y revenir un peu. S'il est impossible de contester que le partage n'ait quelque affinité avec l'aliénation, on ne peut non plus lui contester un cara ctère essentiellement déclaratif, et nous nous bornons à renvoyer le lecteur à ce que nous avons dit dans nos notions historiques. C'est en ce sens que Pothier écrivait avec une grande raison que le partage n'est point une nouvelle acquisition; qu'il n'est que *l'exercice du titre antérieur*, auquel la chose était échue à chacun des cohéritiers (1).

Toutefois, les explications que nous avons précédemment indiquées, si elles sont irréprochables relativement au partage ordinaire n'ont certainement pas la même force quant à la licitation et aux soultes; la législation fiscale ne s'y est pas trompée. «Aussi, dit **M.** Demolombe, le législateur a, dans ces derniers cas, fait prévaloir sur la vérité du fait, la grande faveur que méritent les actes de partage, et les considérations d'utilité pratique et d'équité qui justifient d'ailleurs à un très-haut degré l'effet déclaratif qu'il y attache (*Successions* V. n° 264). » Notre

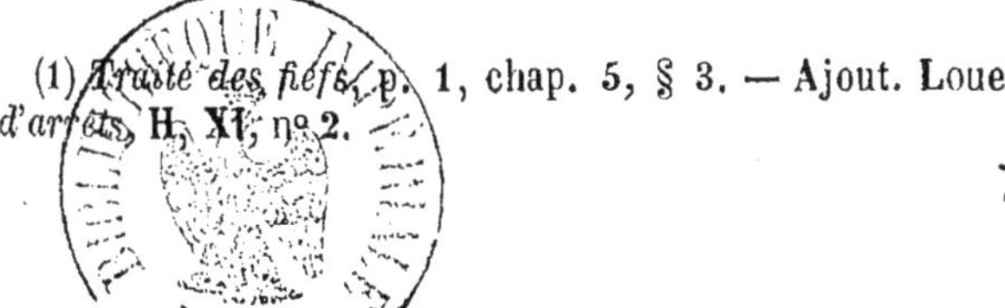

(1) *Traité des fiefs*, p. 1, chap. 5, § 3. — Ajout. Louet, *Recueil d'arrêts*, H, XI, n° 2.

règle en effet favorise la cessation de l'indivision; elle est la sauvegarde indispensable de l'égalité qui doit régner dans les partages; enfin, elle est la bienfaisante sauvegarde de la sécurité des droits des copartageants et, par cela même aussi, de la paix des familles et de la bonne harmonie de la société.

Il est bon de remarquer que notre art. 883, malgré ses termes quelquefois restrictifs, doit s'appliquer au partage de toute universalité, et même au partage des choses singulières et individuellement considérées. Loysel avait déjà dit : « De partage, licitation et adjudication entre cohéritiers ou comparsonniers, ne sont dus lods et ventes (1). » L'art. 883 n'a pas voulu innover à cet égard, personne ne le conteste.

Ceci posé, nous allons entrer dans l'examen de notre matière, et indiquer quelle marche nous entendons suivre dans ce nouveau travail.

Nous diviserons notre sujet en quatre parties. Dans une première, nous traiterons de considérations générales sur l'art. 883; dans une deuxième, nous verrons dans quels cas il est applicable; et, dans une troisième, nous verrons quels sont les effets de cette application. Enfin, nous terminons par un quatrième chapitre, où nous donnerons quelques notions générales sur le droit fiscal en matière de partage.

(1) *Inst. cout.*, liv. IV, tit. 2, règle XIII, n° 542, édition Dupin et Laboulaye. — Comp. Dumoulin, *Des fiefs*, § 33, glos. 1, n° 69.

CHAPITRE PREMIER

CONSIDÉRATIONS GÉNÉRALES SUR LA PORTÉE DE L'ART. 883.

Il est important, dès le début de ce travail, de bien nous fixer sur le sens et sur l'étendue d'application de l'art 883 ; selon que nous entendrons la nouvelle maxime d'une façon restrictive ou absolue, nous serons forcés de donner une solution différente aux nombreuses et importantes questions qui se présenteront dans tout le cours de ce travail. Nous demandons donc la permission d'insister longuement sur ces préliminaires, persuadés qu'il en sortira une vive lumière sur tout le reste de notre dissertation. Posons bien notre principe, et le reste nous viendra par surcroît. *Dimidium factiqui bene cœpit habet,* a dit la sagesse antique.

Demander quelle est la portée de l'article 883, c'est demander à la fois à quelles personnes, à quels actes, à quelles choses il s'applique, et quels en sont les effets. C'est donc une question qui répond à toute cette thèse, et qui comprend d'une manière générale tout ce que nous avons à dire. Nous allons poser notre principe, et réfuter tout système contraire, nous réservant d'entrer dans les détails chaque fois que l'occasion s'en rencontrera aux chapitres suivants. Voyons donc à ce moment quelle est la portée de l'art. 883, et demandons-nous s'il a voulu restreindre la maxime nouvelle telle que l'avaient entendue nos anciens auteurs, et Pothier en particulier.

A quelles personnes la règle du partage déclaratif est-elle applicable et quels en sont les effets d'une manière générale? Ces deux questions se tiennent étroitement; et, répondre à l'une, c'est presque répondre à l'autre. C'est le point le plus difficile de toute cettte matière, dit M. Demolombe, que celui qui consiste à déterminer, sous ce double point de vue, l'étendue et la limite d'application que l'art. 883 doit recevoir.

Deux systèmes sont en présence : l'un qui restreint la portée de l'art. 883, et l'autre qui l'étend d'une manière générale

Voyons le premier système et quels sont les arguments principaux qu'il invoque.

L'art. 883, dit-on dans cette opinion, consacre une fiction qui ne saurait être étendue en dehors de ses termes, strictement interprétés. Or, poursuit-on, cette fiction n'a qu'un double but, qui nous est indiqué par les traditions féodales et coutumières : 1° Soustraire les partages aux droits de mutation ; 2° Limiter les droits réels constitués pendant l'indivision par l'un des copartageants, aux seuls biens qui forment son lot.

Donc, ajoute-t-on, comme conclusion, l'art. 883 ne doit produire que ce double effet; donc, s'il ne s'agit pas de droits de mutation, ou de relations des cohéritiers avec les ayants cause de chacun de leurs cohéritiers, la vérité reprend son empire. Tel est le système que soutiennent à la fois la doctrine et la jurisprudence (1).

Voici les principaux arguments qu'invoque le premier système à l'appui de cette thèse. L'art. 883, dit-on d'abord, a voulu consacrer la doctrine de l'ancien droit ; or, en matière civile, l'effet déclaratif du partage n'avait pour but que d'éviter les recours, résultant de la règle romaine. Du reste, l'article 883 ne fait que formuler une fiction étroite, contraire à la réalité des faits, et la preuve la plus convaincante que notre Code ne voit lui-même dans le partage qu'une véritable aliénation, c'est qu'il admet en propres termes l'action en garantie contre cet acte.

Le premier système invoque même la place que l'art. 883 occupe dans le Code Napoléon. Il est placé dans une matière où l'on s'occupe exclusivement de l'intérêt de la famille. Quant aux tiers, aux créanciers hypothécaires, il n'en est ici nullement question.

Il n'est pas même jusqu'à l'expression *seul* de l'art. 883, dont on ne veuille tirer argument ; ce mot indiquerait formellement que, dans l'article, il ne s'agit que des rapports des cohéritiers entre eux. Mais il y a plus, l'article ajoute pour compléter sa

---

(1) Cass., 27 mai 1835. (Dev., 1, 286, 1835.) — Cass., 13 août 1838, (Dev. 38, 1, 701.) — Duc. Bon. et Roust. 11, n° 779. — Aubry et Rau sur *Zachariæ*, t. V, p. 268. — Dutruc, n° 14 et suiv. — Tillard, *Des actes dissolutifs de communauté*, p. 257. — Duquaire, *Revue critique de jurisprudence*, 1853, t. III, p. 806 et suiv.

pensée dans ce sens restrictif : *à tous les effets compris dans son lot*. Donc, dit-on, chaque cohéritier reçoit sa part franche et quitte de tout droit réel consenti pendant l'indivision, mais voilà tout l'effet de l'art. 883.

M. Dutruc ajoute que le partage est une aliénation véritable, et voici la preuve qu'il en donne. Le législateur, dit-il, en exigeant l'intervention de la justice en cas de partage de biens de mineurs et d'interdits, en refusant au mari le droit de provoquer sans le concours de sa femme, le partage des objets qui ne tombent pas en communauté, a vu, sans aucun doute dans cette opération, une véritable aliénation. Telles sont les différentes considérations invoquées par les auteurs qui n'appliquent l'art. 883 que dans l'hypothèse de droits consentis pendant l'indivision.

Parmi ces divers arguments, il en est plusieurs qui ne peuvent réellement avoir une importance sérieuse. Il est certain, par exemple, que la place de l'art. 883 n'a aucune signification, et ne peut être invoquée plutôt par un système que par l'autre. Quant aux expressions de l'art. 883, on a beau les torturer et les tourner en tous sens, on ne fera jamais qu'elles ne soient pas d'une généralité écrasante. Mais, dit-on, le mot *censé* indique bien que la loi n'a voulu ici que consacrer une simple fiction. Je répondrai d'abord à cet argument par une simple observation. L'art. 883 a été presque littéralement copié dans Pothier, et il est bien certain qu'aux yeux de Pothier l'effet déclaratif de partage était un principe général, et non une fiction qu'on doive restreindre à telle hypothèse donnée. Nous dirons donc avec M. de Valroger (1), que c'est là un « legs des habitudes de langage de nos jurisconsultes anciens, entraînés eux-mêmes par les habitudes des jurisconsultes romains. »

Les derniers arrêts de cassation semblent bien admettre ce système, — 2 décembre 1845 (Dev. 46, 1, 21), — 29 août 1853 (Dev. 54, 1, 707). En vain objecte-t-on la fiction de l'art. 883. On répond d'abord avec juste raison que le législateur n'a pas besoin de feindre : *ejus est imperare*. Ce langage, nous venons de le dire, n'est qu'un reste du droit romain reproduit par les légistes. Du reste, fiction ou vérité, qu'importe. Il faut voir quelle est l'étendue de la fiction, et voilà toute la question. Nous nous sommes, du reste, suffisamment expliqué à cet égard dans les notions historiques.

Mais laissons de côté le texte, et voyons l'esprit de la loi. On dit que les anciens auteurs entendaient la règle du partage déclaratif d'une manière restrictive. Cette assertion n'est rien moins que certaine. Quelle est l'origine de l'art. 883 ? Nous l'avons amplement étudiée précédemment. Le partage fut d'abord en fait affranchi des droits de mutation ; or il arriva qu'on en conclut d'une façon générale et absolue que ce n'était pas *une aliénation*. Remarquons même que c'est relativement aux matières réglementées par la loi romaine que la

____

(1) *Revue de droit français*, t. VII, p. 120.

nouvelle doctrine rencontra le plus de résistance, et il est certain qu'une fois le triomphe assuré dans ces matières, la doctrine n'eut aucune peine à se généraliser. Divers systèmes se produisirent pour l'expliquer rationnellement, mais tous y virent une vérité absolue. Qu'il nous suffise à cet égard de consulter Pothier, qui formulait ainsi la nouvelle doctrine : « Chaque cohéritier est censé avoir suc-cédé seul immédiatement au défunt, à tous les effets compris en son lot, et n'avoir succédé à aucun de ceux compris dans le lot de ses cohéritiers (1). »

Demandons à l'auteur même de cette définition qui a servi de modèle à l'art. 883, quelle était la portée de l'effet déclaratif dans l'ancien droit. « Le partage, dit-il, n'est pas considéré comme un titre d'acquisition par lequel chaque cohéritier acquiert de ses cohéritiers les portions indivises qu'ils avaient avant le partage dans les effets qui lui sont assignés pour son lot, mais c'est seulement un acte déterminatif des choses auxquelles chacun des co-héritiers a succédé au défunt, chacun des cohéri-tiers qui n'était que héritier en partie n'ayant pu succéder à toutes, mais seulement à celles que lui assignerait un jour le partage que la nature de l'in-divis de la succession exigeait. Chaque cohéritier n'acquiert donc rien par le partage de ses cohéri-tiers ; il tient tout du défunt immédiatement (2). » Dans un autre passage, il dit encore (3) : « Selon

(1) *Des successions*, chap. 4, art. 5, § 1.
(2) *Ibid*.
(3) *Vente*, VIIe partie, art. 6.

les principes de notre droit français très-opposés à
ceux du droit romain, les partages n'ont aucun
rapport avec le contrat d'échange : ce ne sont pas
des actes par lesquels les copartageants acquièrent
ni soient censés acquérir rien les uns des autres.
Un partage, suivant nos principes, n'est autre
chose qu'un acte qui *détermine* la part indéterminée qu'avait, avant le partage, chaque cohéritier
dans la masse qui a été partagée, aux seules choses
qui tombent dans son lot. » Et plus loin : « Il est
évident, suivant ces principes, que le partage est
un acte qui n'a aucun rapport avec le contrat de
vente, soit qu'il soit fait sans retour, soit avec retour en deniers ; car, suivant ces principes, le partage n'est point un titre d'acquisition ; je n'acquiers
proprement rien par le partage que je fais avec mes
cohéritiers ou autres copropriétaires ; et tout l'effet
du partage se réduit à rendre déterminé à de certaines choses le droit que j'avais, qui était auparavant indéterminé. » C'est encore à Pothier, qu'il
faut toujours citer en pareille matière, que nous
empruntons la réfutation de l'objection que le
premier système tire de la garantie en matière de
partage. « Les copartageants, dit-il, contractent par
le partage, l'obligation de se garantir réciproquement (1), les choses qui tombent dans leurs lots
respectifs : mais cette obligation est différente de
celle qu'un vendeur contracte avec l'acheteur et tout

(1) *Vente*, n° 632.

autre cédant envers le cessionnaire, » et, après avoir exposé quelle différence existe entre ces deux garanties, il ajoute : « La raison de différence est que mes cohéritiers ou autres copartageants ne peuvent être considérés comme mes cédants par rapport à la chose dont je souffre éviction; puisque, suivant nos principes, les copartageants par les partages, ne se cèdent rien, et ne tiennent rien les uns des autres. La seule raison sur laquelle est fondée la garantie des copartageants est que l'égalité, qui doit régner dans les partages, se trouvant blessée par l'éviction que souffre l'un des copartageants dans quelqu'une des choses tombées dans son lot, la loi qui exige cette égalité, oblige chacun des copartageants à la rétablir. Or, il suffit pour cela qu'ils lui fassent raison, chacun pour leur part, de la somme pour laquelle la chose évincée lui a été donnée en partage. »

Telle était la doctrine de Pothier, et rien ne nous montre que le Code Napoléon ait voulu y déroger. Tout au contraire, un rapport fait au tribunal, par M. Chabot, vient confirmer pleinement notre théorie : « Le partage, dit-il, a pour objet de faire cesser l'indivision, et d'attribuer à chaque cohéritier la portion à laquelle il a droit sur la masse commune. Il n'est question dans un partage, que de distribuer à chacun la juste valeur de ce qui lui appartient, et de ce qu'il possédait auparavant par indivis. Ce n'est pas une affaire de négoce ni de commerce : il n'y a, de part ni d'autre, ni vente, ni échange. Tout consiste à régler divisément la portion dont chacun était déjà propriétaire dans la masse indivise (1). »

Pour répondre maintenant à l'objection, tirée par M. Dutruc des formalités que le Code exige pour le partage des mineurs et de la femme mariée, nous ferons simplement remarquer que le législateur, sans voir dans le partage un acte d'aliénation, l'a cependant regardé comme un acte dangereux et important, et que cette seule considération suffit à justifier les précautions dont il s'est plu à l'entourer. Deux mots seulement, en terminant, de la jurisprudence. Nous avons cité des arrêts qui nous sont contraires, nous pourrions en citer qui nous sont favorables. Qu'il nous suffise de remarquer qu'un récent arrêt abonde entièrement dans notre manière de voir (2).

Telle est notre doctrine ; toutefois, nous dirons avec M. Demolombe, qu'il importe de ne pas s'engager d'avance sur ce point dans une théorie trop absolue. — La règle de l'art. 883 ne s'est introduite chez nous que peu à peu. Nos anciens jurisconsultes eux-mêmes discutaient sur son étendue jusqu'à la fin du dernier siècle. Bourjon, Pothier et Lebrun avaient chacun une opinion différente (3). Nous ne voudrions pas affirmer non plus que les rédacteurs de l'art. 883 aient voulu régler l'influence de cette règle sur les diverses matières du droit civil et sur les divers ordres d'intérêts qui

(1) Locré, t. X, p. 265.
(2) Arrêt du 29 août 1858, (Dev. 53, 1, 707).
(3) Nᵒˢ 314 et suiv., *Successions*, Demol.

peuvent se trouver engagés dans un partage. Aussi bien, tout en admettant la généralité de la maxime nouvelle, nous croyons qu'il est juste et nécessaire de la combiner avec les textes et les principes de chaque autre matière du droit ; et, de cette combinaison, pourront naître des modifications à la règle générale de notre art. 883.

Mais il est temps de sortir de ces généralités, et d'aborder l'explication de nos trois autres chapitres.

CHAPITRE II

A QUELS ACTES S'APPLIQUE LA RÈGLE DE L'ART. 883.

La loi, dans l'art. 883, ne parle que du partage pur et simple et de la licitation ; nous verrons qu'il faut étendre la règle du partage déclaratif à d'autres actes analogues. Nous allons passer en revue successivement les diverses sortes d'actes qui tombent sous l'application de notre maxime.

§ 1er Du partage pur et simple.

L'art. 883 est formel à cet égard : « Chaque cohéritier est censé avoir succédé seul et immédiatement à tous les effets compris dans son lot..., et n'avoir jamais eu la propriété des autres effets de la succession. »

Remarquons qu'aujourd'hui, comme dans l'ancien droit, du reste, la règle du partage déclaratif s'applique, soit que le partage ne comprenne qu'une partie des biens indivis, soit qu'il s'agisse de meubles ou d'immeubles, quelles que soient la cause et l'origine de la communauté, que le titre des copartageants soit ou non commun, et, enfin, que le partage soit primordial ou la suite d'un précédent partage. Cette observation est également vraie, qu'il s'agisse des matières fiscales, ou qu'il s'agisse des matières civiles. C'est un principe absolu et incontestable ; et, de son application générale, résultent toutes les conséquences que nous étudierons plus tard dans le troisième chapitre de cette thèse.

Mais certains actes, quoique ayant nom partage, ne produisent pas cependant l'effet déclaratif qui en est l'essence et le caractère. Cela résulte de ce que le partage n'a ce caractère, et n'est vraiment un partage qu'autant qu'il est la suite d'une indivision qu'il veut faire cesser. Si donc il n'y a pas une réelle et véritable indivision, quels que soit la forme et le nom qu'un acte usurpe et revête, ce ne peut être un partage produisant les effets de l'art. 883, ce ne sera jamais qu'un acte purement et simplement translatif. On peut donc dire que le partage et l'indivision sont la cause l'une de l'autre, et qu'ils sont aussi essentiellement unis que la bouteille et le verre, si l'on veut bien me permettre cette triviale mais bien claire expression.

Si donc un premier partage est entièrement ter-

miné, et que les copartageants, se ravisant tardive-
ment, veuillent modifier la composition primitive
des lots, fussent-ils parfaitement d'accord entre eux
pour opérer cette transformation, jamais ils ne pourront faire qu'il y ait un réel et nouveau partage, puisque l'indivision avait entièrement cessé d'exister. Il
n'en serait pas de même évidemment si le premier
partage n'avait pas été entièrement terminé. Ainsi,
dans le cas de représentation (art. 743), si on a
procédé d'abord au partage par branche, on pourra
opérer ensuite la division par souche et par tête : il
ne faut voir là que des opérations distinctes se rattachant à un seul et même acte ; elles devront donc
tomber sous l'application de l'art. 883 (1).

Nous n'avons pas à rechercher sur ce point quels
sont les cas où il y a indivision. Nous avons défini
et expliqué cet état bizarre et anormal dans les notions historiques, et ce serait une superfétation de
revenir sur ce sujet suffisamment exploré. Dès lors,
que l'indivision existe en réalité, peu importe que
l'un prenne plus de meubles que l'autre, que l'un
prenne l'usufruit, l'autre la nue propriété, il y a
dans toutes ces manières d'en finir avec la communauté un acte de partage entraînant l'effet purement
déclaratif de l'art. 883 en matière fiscale, aussi bien
qu'en matière civile. Il faut donc qu'il y ait indivision. Mais cette condition *sine qua non* nous
amène à examiner une question des plus controversées, celle de savoir si l'art. 883 s'applique aux

(1) Thèse de doctorat, M. Tambour, p. 115.

créances héréditaires. Il semble que dans ce cas
l'art. 1220 fasse cesser l'indivision dès avant le partage, et s'oppose ainsi à l'application possible de
l'effet déclaratif du partage.

Trois systèmes différents sont présentés à l'occasion de cette question, et nous nous bornerons à
les résumer le plus brièvement possible, tout en
insistant un peu plus longuement sur celui que
nous croyons devoir admettre.

Dans un premier système, on prétend que
l'art. 883 n'est nullement applicable aux créances
héréditaires. Voici l'espèce qu'il est bon de poser
pour élcairer la discussion. Le *decujus* laisse quatre
héritiers et, entre autres biens, une créance de
40,000 francs contre Paul. Or, il arrive, par suite
de l'art. 1220, que, dès avant le partage, et aussitôt
la mort du créancier, les quatre héritiers se trouvent être créanciers chacun de 10,000 francs, qu'ils
peuvent séparément demander au débiteur. Aucun d'eux n'ayant usé de son droit, le partage inter-
vient et il se trouve que, par suite de cette opération,
la créance entière est mise, ainsi que le permet, et le
conseille même, l'art. 832, au lot de *Primus*. Eh
bien ! Faut-il dire que *Primus* est censé avoir toujours été créancier des 40 mille francs ; en d'autres
termes, faut-il appliquer l'art. 883 à cette créance
tout entière ? Non, répondent les partisans du premier système ; car, lorsque le partage est intervenu,
il n'y avait pas indivision ; et, par conséquent, cette
condition essentielle manquant, l'effet déclaratif
n'a pas pu se produire. Il faut donc déclarer que

l'art. 832 n'a permis de mettre toute la créance dans le lot de *Primus* qu'au moyen d'un véritable transport-cession, soumis comme tel aux formalités de l'art. 1690. Jusque-là, le partage ne sera opposable ni aux tiers, ni au débiteur cédé lui-même, et l'effet produit par l'art. 1220 continuera d'avoir son plein et entier effet. Du reste, ajoute-t-on, personne ne prétend que les héritiers puissent diviser le passif de manière à ne donner aux créanciers qu'un seul d'entre eux pour unique débiteur. Or, l'actif se divise de plein droit comme le passif; donc cette division ne peut être modifiée à l'encontre des débiteurs, pas plus qu'à l'encontre des créanciers (1).

Une seconde opinion, en sens inverse, soutient, au contraire, que l'art. 883 est toujours applicable et sans exception, dans notre espèce.

La division opérée par l'article 1220, dit-on, est une simple division provisoire et conditionnelle. En effet, l'art. 832 est formel, et il ordonne que les créances soient comprises dans le partage. Elles sont donc remises dans l'indivision, et, comme telles, soumises à l'effet déclaratif du partage. Les partisans de ce système en concluent logiquement que le débiteur ne peut opposer au nouveau créancier aucune cause de libération du chef des autres cohéritiers, sans distinguer entre les causes de libé-

____

(1) Mourlon, t. II, p. 202 et 203. — Demante, III, n° 225 *bis*, VII. — Dur. VII, n°ˢ 163, 429 et 519. — Duc. Bon. Roust., II, n° 789. — Voir aussi M. Liégeard, p. 64, *Mémoire sur l'origine, l'esprit de la maxime de l'art. 883.*

ration intervenues avant ou après le partage. Ce système compte moins de partisans que le premier ; cependant il a été admis dans la pratique et dans la doctrine (1).

Enfin, une troisième opinion mixte se présente avec l'appui des plus grands jurisconsultes, MM. Zachariæ, Marcadé et Demolombe ; et nous croyons, pour notre part, devoir pleinement l'adopter. On distingue, dans ce système, entre les causes de libération accomplies avant le partage et celles qui ne se sont accomplies que postérieurement. Le débiteur ne peut se prévaloir que des premières contre l'effet déclaratif du partage. Les deux premiers systèmes ont tous deux le tort de sacrifier entièrement, l'un les art. 832 et 883 à l'art. 1220, et l'autre ce dernier article aux art. 832 et 883. C'est un tort et une exagération que notre opinion a pour but d'éviter, et nous croyons que c'est en faisant à chaque texte législatif sa juste part d'application, que nous trouvons la meilleure interprétation de la loi : *Interfusa nitentes vites æquora Cycladas.*

Nous n'avons rien de mieux à faire ici que de résumer la dissertation de M. Demolombe, pour justifier notre système.

Voyons d'abord la part que l'art. 1220 obtient dans notre opinion. Si la cause de la libération est antérieure au partage, le débiteur pourra l'opposer au cohéritier cessionnaire de la créance. En effet, il

____

(1) Cassat., 24 janvier 1837 (1837, 1, 107, Dev.) .— Considérants de l'arrêt de Cassat. du 20 décembre 1848, (49, Dev., 1, 179).

résulte de l'art. 1220 que chaque héritier peut demander le paiement de la dette avant le partage ; donc le débiteur qui a pu payer et a dû payer valablement est valablement libéré. On ne peut invoquer contre lui l'art. 883.

De ce principe, il faut tirer les conséquences suivantes :

1° La compensation peut s'opérer avant le partage.

2° Si un cohéritier a cédé sa part à un tiers dans la créance, et qu'il y ait eu signification ou acceptation par le débiteur, l'art. 883 ne sera opposable ni au cessionnaire ni au débiteur cédé.

3° Enfin, si les créanciers personnels d'un héritier ont fait une saisie-arrêt, et qu'un jugement intervenu avant le partage ait ordonné au débiteur de verser entre leurs mains, l'effet déclaratif ne leur sera pas opposable. Telle est la part faite à l'art. 1220.

Voici maintenant celle des art. 832 et 883. L'art. 832 comprend les créances dans le partage, mais à la condition expresse qu'elles appartiennent encore aux héritiers lors du partage; si donc nous supposons que cela soit, et qu'une créance entière soit attribuée par le partage à l'un des cohéritiers, l'effet déclaratif se produira et le débiteur héréditaire, sans qu'il soit aucunement besoin des formalités de l'art. 1690, ne pourra opposer au cessionnaire aucune cause de libération postérieure au partage. Ce résultat résulte naturellement de la combinaison des art. 832 et 883.

On objecte en vain qu'autrefois, les créances

étaient comprises dans le partage sans qu'on en dé-
duisît cette conséquence. Qu'y a-t-il, en effet, d'é-
tonnant à ce que le droit romain ait considéré le
cessionnaire comme *procurator in rem suam*, puisque le partage était translatif. Quant à l'ancien
droit français, on peut dire qu'il n'avait pas encore
dégagé toutes les conséquence du nouveau principe.

Notre système, du reste, outre qu'il est conforme
au texte de l'art. 883, correspond à l'un de ses principaux motifs. Le principe de la règle du partage déclaratif est, en effet, de garantir l'égalité qui doit
régner en souveraine dans les partages, car l'art. 883
soustrait à la concurence des créanciers personnels
de l'héritier qui est tenu d'un rapport, les prélèvements au moyen desquels les autres cohéritiers peuvent se dédommager sur les biens de la succession.
Or, il est bon que ces prélèvements puissent s'exercer
sur les créances elles-mêmes.

Il est vrai que, selon l'art. 1220, on ne peut char-
ger de toute la dette un seul des cohéritiers, et on
tire argument contre nous de cette impossibilité;
mais la raison de cette différence entre les dettes et
les créances résulte clairement de ce que l'art. 832
ne parle que des secondes, et que l'art. 872 s'oppose formellement à ce que les héritiers *divisent*
entre eux les dettes au préjudice des créanciers (1).

Notre système donne naissance à une question
que nous pouvons ici résoudre. Que décider si le

(1) Marcadé, art. 883 n° 5. — Demolombe, *Successions*, V. n°ˢ 294
et 295. — Zachariæ, (Aubry et Rau) t. V, p. 345 et suiv. — Pothier,
Obligat. n°ˢ 319-320. — Toullier, t. VI, n° 758.

débiteur héréditaire oppose à l'héritier cessionnaire la mainlevée d'une inscription hypothécaire que l'un des créanciers lui a donnée pour sa part antérieurement au partage ? Dans cette espèce particulière, la cour de cassation a maintenu l'application de l'art. 883, car l'hypothèque est *indivisible* par essence, et, en outre, la créance subsistant est réputée avoir toujours appartenu avec tous ses accessoires au cessionnaire (1).

Les adversaires de notre système, battus sur le terrain des principes et sur celui des textes, se réfugient dans des considérations d'équité, et nous reprochent de tendre un piége au débiteur. Il pourrait, nous disent-ils, payer valablement avant le partage ; or, un partage qu'il ignore va rendre nul un paiement postérieur. C'est une injustice, dit-on, que ne présente pas le premier système (Demante) ; car le partage, étant un transport de créance, n'est opposable qu'autant qu'on a rempli les formalités de l'art. 1690. Nous n'avons qu'une chose bien simple, mais péremptoire, à répondre à cette objection : c'est que le débiteur sera libéré, s'il a payé de bonne foi dans l'ignorance du partage. Quant aux tiers qui auraient acheté depuis le partage, l'effet déclaratif leur est toujours opposable, même fussent-ils de bonne foi, car ils ont acheté d'un non-propriétaire.

D'ailleurs, dès avant le partage, chacun des cohéritiers aurait le droit de former des saisies-arrêts

(1) 20 décembre 1848, (Dev., 49, 1, 179). — *Zachariæ*, V. p. 347.

entre les mains des débiteurs de la succession pour les parts de ses cohéritiers. « L'effet de ces saisies serait, suivant M. Demolombe, de rendre désormais impossible toute libération et toute mutation des parts saisies, au préjudice de l'effet déclaratif du futur partage. Notamment, elles ne permettraient plus aux créanciers personnels des cohéritiers de former des saisies-arrêts de manière à obtenir que le débiteur de la succession fût tenu de verser entre leurs mains le montant de la part héréditaire de leur débiteur; car les créanciers personnels des héritiers n'ont pas ici plus de droits, ni d'autres droits que leur débiteur lui-même. Or, la saisie par laquelle les cohéritiers ont arrêté, entre les mains du débiteur de la succession, la part de leur cohéritier, a empêché celui-ci de recevoir, et a précisément pour effet de subordonner désormais le sort de la créance entière au partage. Donc elle doit avoir aussi ce double effet à l'égard des créanciers personnels de l'héritier, ou de ses ayants cause (1). »

§ 2. De la licitation.

Nous allons étudier successivement les questions qui se présentent relativement à la licitation, puis aux soultes ou retours de lots, et enfin nous arriverons à un paragraphe fort important sur les actes qu'il faut assimiler au partage véritable et auxquels,

(1) Successions, t. V, n⁰ 298.

par contre, doit s'appliquer la règle de l'effet déclaratif.

Il n'est pas douteux aujourd'hui, en présence des termes formels de l'art. 883, que l'effet déclaratif ne soit le résultat de la licitation. C'est ce que l'ancien droit, nous l'avons vu, avait déjà unanimement consacré. Au projet du Code, le législateur ne parlait pas de la licitation à l'art. 883; mais c'était une erreur, et la lacune ne tarda pas à être comblée (1). Il n'y a pas à distinguer, du reste aujourd'hui, plus qu'autrefois, entre la licitation faite en justice et celle qui est passée devant notaire. L'art. 883 est aussi large à cet égard que possible, et on ne comprendrait pas, d'ailleurs, les motifs d'une telle distinction. Remarquons encore qu'il importe peu que le bien licité ne soit pas commodément partageable; il suffit qu'aucun des colicitants n'ait voulu le prendre dans son lot, et l'on applique à cet égard les termes généraux de l'art. 1686. Il en était déjà de même dans l'ancien droit, et l'art. 1408 confirme encore ce système. Toullier seul enseigne la doctrine contraire que nous ne pouvons admettre (2). Il faut également admettre l'effet déclaratif, que les étrangers aient été ou non admis à la licitation. Des auteurs ont prétendu que l'art. 883 n'était applicable qu'au cas où les étrangers avaient été admis; or, l'ancien droit est contraire à cette interprétation, et il est même digne de remarque que Dumoulin n'ad-

(1) Fenet, II, p. 157.
(2) II, n° 563.

mit d'abord l'effet déclaratif qu'au cas où la licitation s'était opérée en l'absence d'étrangers ; ce n'est que dans son commentaire du titre des censives et postérieurement qu'il regarde les droits comme n'étant pas dus, même dans le cas où les étrangers ont été reçus à enchérir.

Il est bon de nous demander ici si l'adjudication produit l'effet de l'art. 883 aussitôt qu'elle est faite, et quand même la liquidation générale n'aurait pas encore eu lieu. L'affirmation ne nous paraît pas contestable, et cependant la cour de Nîmes a adopté un avis contraire au nôtre (1), pour le cas où l'adjudication n'a fait que préparer le partage, et a eu pour effet de payer les dettes, par exemple. Dans le même sens, la cour de cassation décide que l'adjudication faite à l'un des héritiers, même pour un prix inférieur à ses droits, donne ouverture, si un acte de partage n'est pas produit, à un droit de soulte pour tout ce qui excède la part de l'adjudicataire *dans le bien licité pris isolément*. M. Demolombe rejette cette doctrine fiscale contraire au texte général de l'art. 883 (2).

Que décider au cas où c'est un tiers étranger à la succession qui se porte adjudicataire ? L'ancien droit ne lui appliquait pas le bénéfice de l'effet déclaratif, et il semble bien que l'art. 883 ait voulu maintenir cette distinction, si logique du reste. « Chaque cohéritier, dit cet article, est censé avoir succédé seul

---

(1) 5 mai 1855. — Dev., 55, 11, 163.
(2) Successions, V. n⁰ˢ 271 et 303. — Dutruc, n⁰ 39.

à tous les effets *à lui* échus sur licitation. » Malgré ce texte formel, on a essayé de combattre la distinction ; et les principaux auteurs de cette théorie sont MM. Mourlon et Liégeard (1). L'effet déclaratif du partage a pour but, disent-ils, d'éviter les recours entre cohéritiers. Or, ici, qu'arrivera-t-il si la licitation est considérée comme un acte translatif ? De deux choses l'une : ou les tiers ne se présenteront pas pour surenchérir, et les cohéritiers souffriront de cette abstention ; ou ils se présenteront et alors auront lieu, de leur part, les recours que la loi a voulu éviter. On ajoute que les héritiers sont censés n'avoir jamais eu la propriété des objets qui ne sont pas compris dans leur lot, et que, par conséquent, ils n'ont pu les grever d'aucune charge pendant l'indivision ; et quand on objecte à ce système qu'un étranger ne peut être réputé tenir son lot immédiatement du défunt, on répond naïvement que l'article 883 est une *fiction*, et que dans cette voie tout est possible.

Il est vraiment trop facile de répondre à ces arguments et deux mots nous suffiront. Sans parler des termes formels de l'art. 883, qui n'ont voulu reproduire que la plus unanime jurisprudence dans l'ancien droit, nous ne dirons que peu de choses relativement à l'objection tirée des inconvénients de notre système ; c'est là peut-être une considération importante pour le législateur, mais qui ne peut

<hr>

(1) Mourlon, t. II, p. 206, Liégeard, *Mémoire sur l'effet déclaratif du partage*, couronné par la Faculté de Dijon, p. 86 et suivantes. M. Valette.

avoir aucun effet sur l'interprétation de la loi. M. Liégeard lui-même comprend bien tout l'arbitraire de son système : « Nous marchons, dit-il, dans une voie idéale, où notre foi a besoin d'une grande souplesse pour se plier aux enseignements du législateur, où rien de ce que nous rencontrons ne doit nous surprendre, guidés que nous sommes par ce grand fanal de l'intérêt de la famille. » Nous craignons bien que le remarquable écrivain n'ait pas toujours aperçu clairement la lumière, et qu'il ait ainsi dépassé le but même de la loi.

Au surplus, il nous semble que depuis la loi de 1855, l'art. 1ᵉʳ, § 4, de cette loi a mis fin à cette discussion, et l'a tranchée d'une manière formelle en notre faveur.

M. Demolombe examine ici la question de savoir si, dans ce cas, chacun des cohéritiers doit être considéré comme vendeur pour sa part. Il y a controverse. L'affirmative a été consacrée par quelques arrêts qui ont décidé que chaque héritier était comme vendeur, créancier d'une portion déterminée dans le prix, et que l'immeuble se trouverait affecté aussi, jusqu'à concurrence de cette part, dans les mains de l'adjudicataire, aux priviléges et hypothèques des créanciers particuliers de chacun d'eux (1).

M. Demolombe résout la question par une distinction. Ou bien, au moment de la vente, les droits

(1) Orléans, 7 février 1845, (48, Dev., 1, 562.) — Douai, 25 juillet 1848, (Dev., 49, 11, 39).

de chacun dans l'immeuble licité étaient liquidés ;
alors chacun est vendeur pour sa part ; ou bien, au
moment de la vente, le règlement des droits de
chacun n'est pas encore fait ; alors, la licitation n'est
qu'un acte préparatoire du partage, et, pour savoir
qui sera définitivement le vendeur, il faut attendre
le résultat du partage. Si alors le prix est attribué à
l'un des héritiers, celui-là seul est vendeur, et
ses créanciers pourront avoir des droits sur l'immeuble licité (1). Généralement, du reste, le cahier
des charges règle cette question, et c'est là une
excellente pratique.

Nous venons de voir quel est celui des cohéritiers
qui est regardé comme le vendeur vis-à-vis du tiers
adjudicataire, et nous avons dit que les créanciers
de ce cohéritier pouvaient seuls avoir sur l'immeuble
licité, des droits réels, constitués du chef de leur
débiteur, pendant l'indivision.

Mais s'ensuit-il logiquement que les créanciers
hypothécaires puissent, en vertu de leur droit réel,
faire au tiers adjudicataire sommation de payer ou
de délaisser, et exercer contre lui une surenchère
(Art. 2169-2183).

Divers auteurs admettent l'affirmative, en disant
que quiconque possède un droit doit pouvoir exercer les prérogatives de ce droit (2).

Quant à nous, malgré les graves autorités que

---

(1) V. *Arg.*, 2205, Cass., 18 juin 1834, (D., 34, 1, 276).
(2) Orléans, 7 février 1845. — Dev. 1848, 1, 561. — Demante, III,
n° 225 liv., IV. — *Zachariæ*, (Aubry et Rau), t. V, p. 266.

nous voyons dans le camp ennemi, nous répondrons hardiment par la négative. De quel droit les créanciers viendraient-ils inquiéter et troubler le tiers adjudicataire ? Ils ne le pourraient pas évidemment, si cet adjudicataire était un cohéritier. L'art. 883 est trop formel, pour soutenir une telle et si exorbitante prétention. Pourquoi le pourraient-ils vis-à-vis d'un tiers étranger à la succession? Ah ! dit-on triomphalement, il y a ici une grande raison de distinction ; car vis-à-vis du tiers, la règle du partage déclaratif n'est plus applicable. D'accord, aussi bien n'est-ce pas sur cette règle que nous nous appuyons pour refuser aux créanciers toute surenchère. De deux choses l'une, en effet : ou le créancier a assisté au partage, ou il n'y a pas assisté. L'art. 882 lui donnait la faculté de choisir. Or, s'il a assisté au partage, s'il a surveillé les clauses et conditions, s'il a été présent à la licitation, pourquoi se plaindrait-il ? Il n'avait qu'à surenchérir lui-même, puisqu'il était présent à la vente. Si, au contraire, malgré sa convocation, il a négligé de se présenter aux opérations qui devaient mettre fin à l'indivision, de quel droit encore viendrait-il se plaindre? Son abstention a été une ratification tacite et anticipée de tout ce qui a été fait, et, s'il avait quelque crainte, c'était à lui de répondre à l'invitation qui lui a été adressée. Admettre le système contraire, c'est exposer les autres cohéritiers à des recours en dommages et intérêts de la part de l'adjudicataire, contrairement au principe : *Nemo ex facto alterius prægravari debet!*

Cette considération doit avoir son importance en pareille matière (1).

On admet généralement que l'héritier bénéficiaire, qui se porte adjudicataire, ne doit pas être assimilé à un étranger, quoique, en apparence, il paraisse aussi, pour répéter la même expression, étranger à l'hérédité. Dans l'ancien droit, cette doctrine ne prévalut pas d'abord, et la cour de cassation suivit, dès le principe, ce premier état de l'ancien droit, en se fondant sur cette observation que, la liquidation de la succession bénéficiaire se faisant dans l'intérêt commun des créanciers et de l'héritier, celui-ci ne devient adjudicataire, que comme un étranger.

Mais ce motif ne peut être sérieux, car tout le monde admet que le partage en nature a le même effet, vis-à-vis de l'héritier bénéficiaire que de l'héritier pur et simple, et on ne voit pas pourquoi il en serait autrement en matière de licitation (2). Aussi la cour de cassation est-elle revenue au dernier état de l'ancien droit.

Remarquons que l'art. 883 s'applique même au cas de partage partiel. On peut en chercher la preuve dans ce fait, que la licitation produit l'effet déclaratif quant au bien licité.

Pareillement, le partage collectif en une seule masse de plusieurs successions produit aussi le même effet. Mais ce mode de procéder ne peut avoir

(1) 26 juillet 1848, *Cass.* (Dev. 1849, 1, 561.) *Observations* de MM. Devilleneuve et Carette, (*Collect. nouv.*, 3, 1, 238).

(2) Cassation, 12 août 1839, (D. 1839, 1, 329). — Dutruc, n° 548. — Tambour, *Du bénéfice d'inventaire*, p. 320.

lieu qu'entre héritiers majeurs et consentants.

Avant de quitter la matière de la licitation, nous croyons devoir examiner une question intéressante qui se présente dans les circonstances que voici : En admettant comme certain que l'art. 883 sera applicable au partage qui interviendra entre le cohéritier cessionnaire de l'un de ses cohéritiers et les autres cohéritiers, que décider au cas où c'est un tiers étranger à la succession, qui est devenu cessionaire de l'un des cohéritiers ? Voici l'espèce : Un tiers se rend acheteur des droits successifs de *Primus*, qui a deux cohéritiers, *Secundus* et *Tertius*. Lorsque le partage interviendra entre le tiers cessionnaire et les héritiers, l'art. 883 sera-t-il applicable, en ce sens que le tiers ne sera pas tenu des charges consenties par ses copropriétaires pendant l'indivision, relativement aux biens qne le partage fera exclusivement tomber dans son lot ? Deux opinions sont ici en présence, et nous devons dire que nous n'hésitons pas à adopter l'affirmative, et à soutenir que le tiers recevra sa part franche de toute charge consentie pendant l'indivision. Quel est ici, en effet, le rôle du tiers cessionnaire ? Il est l'ayant cause, le représentant du cohéritier son vendeur. Or, il nous semble que, représentant ce cohéritier, il doit avoir les mêmes droits, les mêmes priviléges et les mêmes garanties. Il est bien évident que, s'il n'était pas là, le partage serait purement déclaratif entre tous. Pourquoi sa présence qui n'augmente pas le nombre des copartageants, mais qui comble le vide fait par le départ de *Primus,* changerait-elle la nature du contrat ?

Nous n'avons vu cette question discutée que pour le cas où le tiers cessionnaire se rend *adjudicataire* sur licitation de la totalité d'un bien de la succession. La cour de cassation appelée à résoudre la difficulté au point de vue du droit fiscal, a adopté un système contraire au nôtre, attendu que le tiers ne vient pas « en vertu d'un droit successif semblable à celui des cohéritiers. » Mais, par une anomalie inexplicable, elle admet notre opinion en matière civile, conformément à un arrêt de la cour de Bourges (1).

« La vente qu'un cohéritier fait de ses droits successifs à un tiers, dit la cour de cassation, emporte, lorsque le retrait n'a pas été exercé, subrogation pleine et entière de l'acquéreur dans les droits de son vendeur. » Il est vrai que l'ancien droit exigeait au point de vue fiscal, *un titre commun ;* mais cette doctrine spéciale aux droits de mutation a été, suivant nous, supprimée par la loi du 22 frimaire an VII, et, dans tous les cas, ne peut avoir aucune influence en matière civile. Admettre une autre opinion, nous conduirait à dire, comme l'a fait la cour de cassation en matière d'enregistrement (2), que la licitation ne doit pas produire un effet déclaratif, alors même que l'héritier se porte adjudica-

(1) Cass. Dev., 1857, 1, 665, 27 janvier. — Bourges, 31 août 1814.

(2) Arrêt du 6 mai 1841.

taire, si ses cohéritiers ont cédé leurs droits à des tiers (1).

§ 3. Du partage avec soulte.

Nous avons vu ce qu'était la soulte, et nous avons dit que, dans l'ancien droit, la règle du partage déclaratif y était applicable. Telle doit encore être la décision qu'il faut donner aujourd'hui. L'art. 883, en effet, se réfère aux partages permis ; or l'art. 833 parle du partage avec soulte ou retour de lots. En outre, le même article 883 assimile au partage la licitation, et l'on peut dire que la soulte n'est qu'une sorte de licitation à l'amiable. L'art. 1408, d'ailleurs, vient encore confirmer notre doctrine quand il dit : « par licitation ou *autrement*. » Remarquons que la soulte peut s'acquitter autrement qu'en argent, par exemple avec des meubles, des immeubles propres, ou bien en prenant à sa charge une portion plus considérable du passif de la succession. Il faut appliquer aussi l'art. 883 aux prélèvements que peuvent faire les cohéritiers, car il y a là une opération préliminaire et nécessaire du partage.

M. Rodière paraît avoir voulu contester la doctrine unaniment admise quant à la soulte, dans la revue de législation, et nous ne pouvons passer sous silence son opinion (2), quelque isolée qu'elle soit dans la doctrine. Il s'appuie principalement sur ce

(1) V. Demol., *Success.*, nᵒˢ 289 et 290.
(2) Année 1852, p. 309.

que la loi de brumaire an VII soumet la soulte au paiement des droits fiscaux; mais nous ferons remarquer que, dans l'ancien droit, le centième denier était applicable à la soulte, et cependant Pothier appliquait l'effet déclaratif au partage avec soulte en matière civile. Il est à croire que notre Code a voulu reproduire l'ancien droit, avec d'autant plus de raison que la licitation soumise aux droits fiscaux est cependant formellement dans l'application de l'art. 883. Nous reviendrons sur ce sujet dans le courant du prochain chapitre.

§ 4. Des autres actes qui tombent sous l'application de l'art. 883.

L'art. 883 semble ne comprendre que les actes de partage proprement dit, la licitation et la soulte tout au plus; mais l'esprit de cet article indique suffisamment qu'il faut étendre cette application à une foule de cas et d'actes équivalents au partage, et qui, sous un nom différent, cachent réellement une véritable cessation d'indivision. A cet égard, nous allons être obligés d'entrer dans de nombreux et longs détails; nous serons cependant aussi brefs que possible. Dès l'abord, nous verrons rapidement les cas qui ne donnent lieu qu'à de petites difficultés, nous réservant pour la fin de ce chapitre, de traiter quelques questions importantes et très-controversées dans la doctrine et la jurisprudence.

Tout le monde admet généralement que tout acte à titre onéreux qui aura pour effet de mettre fin à l'indivision à l'égard de tous les cohéritiers, soit relativement à toute l'hérédité, soit au moins quant à un objet particulier, est régi par la règle du partage déclaratif. Tel serait par exemple le cas de vente à l'amiable d'un objet de la succession à l'un des cohéritiers : c'est une véritable licitation qui met l'objet vendu complétement et d'une manière absolue en dehors de l'indivision. On pourrait en dire autant de la cession des droits successifs faite par tous les cohéritiers à l'un d'eux. Dans ce cas encore, l'indivision cesse entièrement, et l'art. 883 reçoit une application presque incontestée (1). Il y a bien à cet égard quelques dissentiments; mais, en présence de l'ancien droit, des termes larges de l'art. 1408, et de la ressemblance frappante qui existe entre les actes qui nous occupent, et les actes de licitation proprement dite, nous ne croyons pas qu'il faille beaucoup hésiter sur ce premier principe qui, du reste, s'éclairera encore des réflexions qui vont suivre jusqu'à la fin de ce chapitre.

Nous croyons qu'il faut encore appliquer la règle du partage déclaratif, quand même la cession dont nous nous occupons serait faite aux risques et périls du cessionnaire. L'administration de l'enregistrement, se fondant sur l'art. 889, a essayé de soutenir le contraire, et la cour de Grenoble avait admis son système (2). Mais on répondit victorieusement que si l'art. 889 n'admet pas l'action en rescision contre

<hr>

(1) *Zachariæ*, V. p. 266. — Demante, 3, n° 225 *bis*, 3.
(2) 4 janvier 1853, (Dev. 1853, 11, 580-581).

cet acte, cela résulte du caractère aléatoire d'une vente ainsi faite, et n'empêche pas qu'il y ait là un véritable acte de partage faisant cesser l'indivision entre tous les cohéritiers (1).

Disons encore en passant que l'échange de biens héréditaires mettant fin à l'indivision, quand même, dans l'échange, l'un des cohéritiers céderait un immeuble propre, est régi par la règle de l'art. 883. Quant à la transaction, il faut faire la même distinction relativement à l'effet déclaratif que celle qui se trouve faite dans l'art. 888 quant à la rescision pour lésion. Aussi, l'effet déclaratif ne s'appliquera pas dans l'hypothèse où la transaction portait sur des difficultés réelles que présentait le partage.

Il nous semble enfin évident qu'il faut exclure de l'application de l'art. 883, la donation faite par un cohéritier à un cohéritier. On ne peut voir là un véritable partage évidemment, car le partage est un acte essentiellement *à titre onéreux;* et, malgré la ressemblance qu'on voudrait établir entre la licitation et cette donation, nous nous refusons à croire qu'il faille étendre à un acte de pure libéralité une règle spéciale aux actes de partage, ou équipollents à partage.

Quoi qu'il en soit de toutes ces questions, en général peu controversées, nous nous hâtons d'en arriver au point vraiment difficile de

____

(1) Mourlon, *Revue pratique de droit français*, 1859, VIII, p. 211 et suiv.

ce sujet, et nous nous demandons s'il faut appliquer la règle de l'art. 883 à l'acte qui met fin à l'indivision à l'égard d'un ou de quelques-uns *seulement* des cohéritiers. C'est là le sujet d'une des plus vives controverses de notre thèse, et nous croyons, quant à nous, que le meilleur moyen de la résoudre, c'est de recourir à l'ancien droit en cette matière. Or, dans l'ancien droit, tout acte préparatoire au partage, sans distinction aucune, était déclaratif de propriété. Voyons si le Code a innové. Je prends un exemple : un cohéritier vend ses droits successifs à ses autres cohéritiers. L'indivision évidemment ne cesse, ni quant à aucun objet, ni quant à tous les cohéritiers d'une manière absolue. Faut-il cependant voir, dans cet acte, une opération de partage régie par l'art. 883 ? Ou bien, un immeuble est licité, et deux ou plusieurs des cohéritiers se portent adjudicataires, l'art. 883 est-il alors applicable ? Nous penchons, pour notre part, et malgré l'autorité si grave et si sérieuse de M. Demolombe, à admettre l'affirmative.

Comment raisonnent nos adversaires ? Quel est le but et quelle est la pensée, disent-ils, qui ont inspiré la règle de l'art. 883 ? C'est évidemment une pensée favorable aux partages, et par là même défavorable à l'état d'indivision. Or, dit-on dès l'abord, si un acte ne remplit pas le but de la loi, la loi ne le comprend pas dans sa protection et dans ses faveurs. Cette remarque toute philosophique est encore fortifiée par cette considération que la règle de l'art. 883, sans être nouvelle, a été une grande

innovation qui ne s'est introduite que par tâtonnement et par le moyen indirect et caché de la fiction,
ainsi que semble encore l'avouer le texte même de
l'article en question. Nous faisons à ce système une
grave objection. Mais, lui disons-nous, l'art. 888
ne distingue pas, et il met sur la même ligne les
actes faisant cesser entièrement l'indivision, et ceux
qui ne la font cesser qu'en partie. Voici ce qu'on
nous répond : L'art. 888 ne s'occupe pas de l'effet
déclaratif du partage. Il assimile, il est vrai, le partage aux actes dont nous venons de parler, mais
nullement quant aux effets qu'ils doivent produire.
L'art. 888 ne s'occupe que de la lésion. Or, on conçoit fort bien que le législateur admette la rescision
pour lésion de plus du quart contre un acte faisant
cesser l'indivision entre quelques héritiers seulement, parce que, après tout, la loi veut énergiquement l'égalité dans les partages, et met une grave
sanction à cette légitime aspiration. On conçoit que,
lorsqu'il s'agit de sauvegarder l'égalité dans un acte
équipollent au partage, elle soit facile, et admette
une équipollence fort douteuse, pour protéger efficacement son principe ; mais transporter cette préten-
due équivalence, cette assimilation, aux effets du
partage, c'est ce que la loi n'a pas voulu ; car certainement, elle se serait expliquée plus catégorique-
ment à cet égard, si elle eut entendu consacrer le
système adverse. L'objet de l'art. 888 est tout autre,
du reste, que celui de l'art. 883. Il s'agit, dans ce
dernier, des suites du partage non-seulement quant
aux héritiers, mais surtout quant aux tiers, et il est

facile de comprendre à cet égard que cet article contienne moins de cas que l'art. 888. C'est donc en vain qu'on veut les assimiler et leur faire servir de complément réciproque. En conséquence, il faut dire, avec M. Demolombe dans ce système, que l'article 883 n'est applicable : « ni à la cession de droits successifs faits par l'un des cohéritiers, soit à quelques-uns de ses cohéritiers seulement, soit même à tous les cohéritiers ensemble; ni à la licitation par suite de laquelle deux ou un plus grand nombre de cohéritiers se sont rendus adjudicataires. » Tel est ce premier système qui se présente à nous, escorté des plus nombreuses autorités (1).

Malgré cette grave présomption, nous persistons à croire que cette limitation donnée par le premier système à l'art. 883 est contraire à l'esprit de la loi et aux textes les plus formels en cette matière. Et d'abord, l'ancien droit, après quelques hésitations, n'avait pas tardé à adopter unanimement notre avis; ce serait donc à nos adversaires de nous montrer un texte formel, introduisant ici une si grave transformation , et c'est ce qu'ils ne font pas. En nous opposant des brocards de droit, ils argumentent de la rédaction arbitrairement intreprétée de l'art. 883; mais où est le texte qu'ils puissent nous opposer? Tout au contraire, nous leur citons le texte de l'art. 888, qui est en parfaite conformité avec notre manière de

____

(1) Cass., 30 janvier 1832, (Dev. 32, 1, 159.) — *Ibid.*, 6 mai 1844, (Dev., 1844, 1, 596.) — Belost-Jolimont sur Chabot, art. 883. *Observ.*, 1. — Zachariæ, V. p. 266. — Marcadé, art. 883, nᵒ 4. — Duranton, VII, nᵒ 522 *bis*. — Demante, III, nᵒ 225 *bis*, II.

voir. Cet article parle des actes préparatoires au partage, et qui ont pour objet de faire cesser l'indivision. Or, n'est-il pas vrai, quoi qu'on en dise, et quoi qu'on en ait, n'est-il pas absolument vrai de soutenir que les actes dont nous parlons, sont de véritables actes préparatoires au partage, le facilitant, en amenant plus vite la réalisation, et comme tels, ayant pour objet de faire cesser l'indivision. N'est-il pas vrai, du reste, que les recours que la loi a voulu éviter en établissant l'art. 883, se produiront nécessairement dans le système de nos adversaires. C'est par suite de ces considérations que nous avons cru devoir nous écarter du système de la jurisprudence, qui nous paraît contraire à l'ancien droit, à l'esprit de la loi manifesté dans les travaux préparatoires, et au texte même des art. 883 et 888.

Nous repoussons également, et à plus forte raison, une certaine théorie, qui consiste à dire qu'un acte pourra être déclaratif, quoiqu'il ne fasse pas cesser l'indivision à l'égard de tous, mais dans le cas seulement où tous les cohéritiers auront concouru à l'acte. Nous ne voyons aucune raison de faire cette arbitraire et gratuite distinction, et nous préférons encore à cette doctrine hybride, la doctrine absolue de M. Demolombe, qui a, pour le moins, le mérite d'être logique et indivisible.

Un récent arrêt de la Cour de cassation du 29 janvier 1861, confirmant un arrêt de la cour de Paris du 23 février 1860, a déclaré que « l'acte qualifié partage, ensuite duquel un immeuble a été attribué à divers cohéritiers pris collectivement pour les rem-

plir de leurs droits, suffit pour répondre aux exigen-
ces de l'art. 883, C. Nap., dans la disposition qui
restreint les effets déclaratifs aux opérations qui ont
pour résultat de faire cesser l'indivision entre tous
les cohéritiers. — Un pareil acte est dès lors opposable aux créanciers hypothécaires d'un cohéritier, qui a reçu un lot composé de valeurs détermi-
nées, et à lui attribuées privativement. »

Il ne nous reste plus que quelques observations
secondaires pour terminer ce chapitre.

Supposons un instant que l'art 883 ne s'applique
pas aux actes dont nous avons parlé ci-dessus , et
voyons ce qui doit en résulter.

Quel sera l'effet du partage ou de la licitation qui
interviendra ensuite, soit entre l'héritier, cessionnaire des droits successifs de l'un , et les autres cohéritiers, soit entre ceux des cohéritiers qui se sont
rendus adjudicataires sur licitation?

Cette question se dédouble en deux autres.
Voyons-les successivement.

1°. Les cessionnaires ou adjudicataires seront-ils
les ayants causes de leurs cohéritiers cédants ou
vendeurs, et seront-ils tenus des charges consti-
tuées par ceux-ci, sur les biens qui représenteront
dans leur lot la portion héréditaire de leurs cédants?

Si le partage a lieu en nature , l'affirmative est
certaine, selon la doctrine de Demante, qui enseigne
que « sur les biens qui tomberont au lot du cessionnaire, celui-ci sera tenu des charges créées par
son cédant, comme il le serait de celles qu'il aurait
créées lui-même (T. III, n° 225 bis). » — Cette

conséquence ne peut évidemment avoir lieu dans notre système.

Mais que décider au cas où, une licitation ayant lieu, le cessionnaire ou coadjudicataire s'est rendu adjudicataire du bien licité?

Alors, M. Demolombe refuse d'admettre l'affirmative. « En effet, dit-il (1), la cession ou licitation qui avait eu lieu n'avait pas mis fin à l'indivision, donc le partage n'était pas fait; et le cohéritier, cessionnaire ou adjudicataire, avait dès lors aussi toujours le droit d'y prendre part et d'en invoquer les effets en qualité d'héritier... Donc le cohéritier, dans notre cas, est censé avoir succédé à l'objet licité, non comme cessionnaire, mais en vertu de sa propre vocation héréditaire, et de l'effet déclaratif de la licitation (Voir un arrêt de Caen parfaitement motivé, du 17 novembre 1841) (2). »

2° Quel sera l'effet du partage ou de la licitation considérée soit entre le cohéritier, cessionnaire de l'un de ses cohéritiers, et les autres cohéritiers, soit entre les cohéritiers adjudicataires entre eux? Il sera déclaratif, et les uns ne seront pas ténus, sur les biens qui tomberont dans leur lot, des charges créées du chef des autres. C'est ainsi que Pothier écrivait que l'effet déclaratif a lieu, non-seulement à l'égard du premier partage qui se fait entre cohéritiers, mais encore pareillement à l'égard des subdivisions (3).

(1) Demol., *Success.*, **V.** n° 288.
(2) Pelcot , *Rec. des arrêts de Caen.*
(3) Pothier, *Communauté*, n° 141. — Montpellier, 27 janv. 1854, Dév. 1855, 2, p. 113.

Nous avons vu ci-dessus que la même doctrine est applicable, suivant nous, au tiers étranger à la succession, cessionnaire de l'un des cohéritiers.

Il est facile de voir que, dans notre système, nous admettons les deux décisions données par M. Demolombe dont l'opinion, sauf le cas de partage en nature et vis-à-vis des cohéritiers cédants, rentre ainsi nécessairement dans la nôtre.

En résumé, nous admettons d'une manière générale que l'art. 883 est applicable, sans distinction, à tous les actes sans exception qui ont pour objet de mettre fin à l'indivision, que ces actes fassent cesser l'indivision entre tous les cohéritiers, ou seulement relativement à l'un ou à quelques-uns d'entre eux.

Nous avons posé comme hors de controverse notre assertion relative aux actes qui mettent fin à l'indivision, d'une manière absolue, entre tous les cohéritiers. Cependant, ne pourrait-il pas se faire que, dans certains cas, notre principe fût inexact? c'est ce qu'on a essayé de soutenir, à tort suivant nous. Voici ce que l'on a dit : la cession de droits successifs faite à l'un des cohéritiers par tous les autres, n'est pas un partage, mais une vente, si les parties l'ont ainsi formellement entendu, ou si leur intention résulte, par exemple, de ce qu'ils l'ont fait transcrire. La convention, a-t-on dit, n'a en effet d'autre règle que la commune volonté.

Mais nous nous refusons à admettre ce raisonnement; car, il est faux de dire que les parties puissent déroger au caractère propre et essentiel du partage, et il est certain que l'art. 888 s'appliquerait à cet acte, quelque nom qu'on lui eût donné. Du reste, à quelles incertitudes et à quels procès ne conduirait pas cet arbitraire système!

Nous admettons seulement, avec M. Demolombe, que, dans notre cas, le partage serait soumis, comme la vente, à la *condition résolutoire*, selon la volonté même des parties. Mais, ce n'en serait pas moins, nous le répétons, un véritable partage (1).

CHAPITRE III

DES EFFETS DE L'ART. 883.

Nous avons déjà, au commencement du précédent chapitre, longuement développé quelle portée il faut en général donner à la règle de l'article 883, et nous avons cru devoir dire qu'il était contraire à la pensée du législateur, de renfermer l'application de cet article dans les étroites limites que certains auteurs, méconnaissant l'esprit de la règle nouvelle, et ce qu'elle était avant 1789, avaient voulu lui assigner. Nous allons maintenant entrer dans les détails de notre théorie générale, et nous demandons

(1) Demol., t. V, n° 282. — Dutruc, n° 39. — Pont, *Des priv. et hyp.*, art. 2106-2113, n° 291. — Voir Demol., n° 310, *loco sup. cit.*

encore la permission d'insister sur l'esprit de l'art. 883, avant d'aborder chacune des questions particulières auxquelles il donne naissance.

J'entends dire souvent que l'art. 883 est une fiction ! Pourquoi ce mot, et surtout pourquoi, en admettant, qu'en effet, le législateur ait eu recours à ce moyen bizarre pour quiconque a le droit de commander, pourquoi lui attribuer des conséquences étroites dont je ne puis m'expliquer la raison ? C'est une fiction, dit-on, et l'on croit avoir répondu à tout. Que l'on me pardonne ma franchise, mais jamais je n'ai pu comprendre un pareil raisonnement, et j'avoue n'avoir jamais compris ce que peut être en droit une fiction. C'est une fiction ! Mais, quand le législateur feint, si tant est qu'il feigne, sa feinte devient un ordre ; et, de fiction qu'elle était, elle devient une réalité, un commandement tout-puissant, elle devient une loi, en un mot. Qu'importe donc cette perpétuelle objection : c'est une fiction. Je le répète, cette objection me paraît un mot, et rien de plus : « *Sunt verba et voces, prætereaque nihil.* »

Du reste, admettons, j'y consens, que l'art. 883 soit une fiction, et je n'en prétends pas moins que l'on ne peut, dans certaines hypothèses, nous en faire une objection sérieuse. Il faut voir, en effet, pour apprécier la portée de l'art. 883, quelle est sa base, et quelle est son origine ; il faut découvrir quel est le pourquoi de cette fiction que l'on y voit, et, fiction ou réalité, interpréter nécessairement l'art. 883, d'après son origine et sa raison

d'être. C'est ce que nous avons essayé de faire dans
les notions historiques.

Mais, il est bon de sortir de ces généralités, et
d'entrer immédiatement dans les détails.

Nous diviserons notre sujet en deux paragraphes
correspondants à deux catégories de personnes qui
peuvent tomber sous l'application de l'art. 883. En
premier lieu, nous traiterons des effets du partage
entre les cohéritiers, ou entre eux et leurs ayants
cause, et, en second lieu, des effets du partage vis-
à-vis des tiers qui n'ont aucune relation avec les
cohéritiers. Dans le § 1er, nous verrons que l'art. 883
doit s'appliquer d'une manière très-étendue, tandis
que nous le restreindrons davantage vis-à-vis des
personnes étrangères entièrement à la succession.

§ 1er. Des effets du partage entre chacun des cohéritiers d'une
part, et les autres cohéritiers ou leurs ayants cause d'autre
part.

A Rome, on adoptait logiquement la propriété
indivise avant le partage, avec toutes ses conséquences. Les autres copartageants, après le partage,
étaient forcés de respecter les droits réels consentis
par l'un d'eux sur les biens tombés dans son lot.
Cette règle était conforme à la raison ; mais quels
résultats ! Vente, hypothèque, tout était maintenu.
Si donc l'indivision durait quelque temps, il pouvait y avoir bien des objets aliénés ou engagés, et
de là des évictions, des actions en recours, le dé-
sordre et le trouble dans les familles.

L'ancien droit adopta une autre formule. Le partage ne fut plus, dès lors, qu'une condition suspensive de la propriété, et non la cause même. Le droit vient du défunt directement et immédiatement. Disons, en passant, avec M. Oudot, qu'on a vu à tort l'origine de notre nouvelle règle dans cet adage : Le mort saisit le vif. Cet adage n'a rien à faire ici. Car le mort peut saisir le vif d'un droit à la propriété indivise.

La première conséquence incontestable de l'art. 883, c'est que la faculté d'hypothéquer la masse indivise est suspendue durant l'indivision. Cette règle explique suffisamment le droit que l'art. 882 donne aux créanciers des cohéritiers de surveiller les opérations du partage.

Lorsque l'hypothèque, consentie par l'un des cohéritiers sur un ou plusieurs immeubles de la succession, vient à s'évanouir par l'effet du partage, elle ne se transporte pas sur les immeubles non hypothéqués, échus au constituant. L'hypothèque établie sur la part indivise de l'un des cohéritiers dans quelques-uns des immeubles héréditaires ne s'étend pas à la totalité de ces immeubles, lors même que, par l'effet du partage, le constituant en serait devenu propriétaire exclusif. Ces deux propositions ne sont que la conséquence du principe de la spécialité qui régit les hypothèques conventionnelles. Il en serait cependant autrement si l'hypothèque était générale (1).

(1) Cass. 6 mai 1844 (D ev. 44, 1, 267.) — Vazeille, art. 883. n° 2. — Demol., *Success.*, t. V, n° 304.

Cet effet résolutoire, attaché aux hypothèques dans l'ancien droit, n'a pas tardé à se généraliser et à s'appliquer à tous les droits réels, consentis pendant l'indivision par un des copartageants. Ainsi, les servitudes, l'usufruit, l'usage, l'habitation, l'emphytéose, sont soumis à la même règle que l'hypothèque elle-même. *Resoluto jure dantis, resolvitur jus accipientis.*

Il en est de même, suivant nous, des aliénations immobilières consenties par l'un des cohéritiers. Ainsi, la purge opérée dans ce cas par le tiers acquéreur de la part indivise de l'un des cohéritiers dans un immeuble héréditaire, est, quant à son efficacité, subordonnée au résultat du partage ou de l'acte qui en tient lieu.

Telle est notre opinion relativement à l'aliénation; mais hâtons-nous d'ajouter qu'elle a été vivement attaquée.

Précisons bien le point du débat. L'art. 883 suspend-il la faculté d'aliéner? Il y a à distinguer incontestablement. On peut évidemment aliéner ses droits successifs d'une façon irrévocable, avec ce tempérament apporté par l'art. 841, qui donne aux autres cohéritiers le droit d'exercer le retrait successoral. Il n'est donc pas défendu de vendre sa part indivise et entière; seuls, les autres copartageants peuvent exercer le retrait contre le cessionnaire. Le retrait ne s'applique pas à la cession d'un objet particulier; mais, dans le cas d'une pareille vente, si, par suite du partage, l'objet vendu tombe dans le lot d'un autre, quel sera le sort de la vente? Elle est nulle, suivant nous, et c'est ici que s'élève la contestation. On a, dans ce cas, comme dans bien d'autres, embrouillé et obscurci la lumière elle-même, et il faut vraiment un esprit ami de la controverse pour avoir essayé de jeter l'ombre d'un doute dans une pareille question.

L'aliénation doit-elle subir le même sort qu'une constitution d'hypothèque? Au premier aspect, on peut s'étonner, à juste titre, de la différence que l'on voudrait faire entre l'hypothèque et l'aliénation; et, si quelque différence pouvait exister, ce ne pourrait être, assurément, qu'en faveur de notre opinion, qui soutient que *à fortiori*, il doit en être de l'aliénation comme de la simple hypothèque. Quoi qu'il en soit de cette observation tout en dehors du droit et de la loi, voyons sur quoi se fonde la théorie que nous combattons.

L'art. 883, dit-on (1), s'applique à tous les objets compris dans l'indivision et, par conséquent, dans le partage. Or, l'objet aliéné n'est plus dans la masse. Il n'est donc pas compris dans le partage, donc l'effet déclaratif ne lui est pas applicable.

Etrange manière de raisonner! Quoi! l'on ne voit pas dans quel cercle vicieux on tourne et l'on se débat? Quoi! l'objet aliéné n'est plus compris dans la masse commune et indivise! Sur quoi vous fondez-vous pour l'affirmer? Et, si votre prétention a quelque fondement, pourquoi le cacher? C'est là précisément ce qu'il faudrait mettre à la lumière.

(1) M. Ferry, *Thémis*, t. VIII, p. 49 et suiv.

C'est ainsi que l'on s'appuie dans ce système sur un principe contestable, et que l'on argumente, sans prendre garde que la base manque, et que le point de départ est faux. Il est faux : cela est évident. En effet, que possède le vendeur dans l'espèce ? Un droit de propriété. Mais faisons bien attention : c'est un droit tout particulier, un droit qui a une nature propre. Il est propriétaire sous la condition du partage. Or, il ne peut transmettre à son ayant cause plus de pouvoirs qu'il n'en possède lui-même. L'acheteur doit donc se conformer au résultat du partage, et se résigner à ne rien avoir, si l'objet vendu tombe au lot du cohéritier de son vendeur.

M. Ferry insiste. Telle était, dit-il, la doctrine romaine ; et qu'on n'objecte pas que la doctrine romaine s'explique par cette raison : que le partage était alors translatif de propriété ; cette solution est étrangère au caractère du partage lui-même, car les auteurs romains disent que l'immeuble n'est plus compris dans la masse partageable. Or, la fiction de l'art. 883 n'a pas plus d'étendue que l'ancien principe qu'elle remplace.

Tout le monde voit le défaut d'un pareil raisonnenent. L'acquéreur n'a pu recevoir du vendeur qu'une propriété soumise à la condition du partage. « Telle est, en effet, dit M. Demolombe, la base logique sur laquelle repose la règle du partage déclaratif ; et cet argument prouve que la solution de la question dont il s'agit, loin d'être étrangère au caractère du partage, s'y trouve, au contraire, essentiellement subordonnée. Là preuve en résulte encore de l'art. 2205, d'après lequel « la part indivise d'un cohéritier dans les immeubles d'une succession ne peut être mise en vente par ses créanciers personnels avant le partage ou la licitation. »

Du reste, en admettant la doctrine que nous combattons, il faudrait dire logiquement que tous les droits réels aliénés, tels que l'hypothèque, la servitude, n'étant plus compris dans l'indivision, ne sont pas soumis à la condition du partage. Conséquence absurde qui montre l'inanité du premier système.

Nous ne voulons, en terminant, qu'indiquer les inconvénients de cette théorie. D'une part, elle met obstacle au droit de prélèvement, et, d'autre part, elle soumet les cohéritiers à autant de partages partiels que d'aliénations (1).

Nous avons vu quelle était la conséquence de la doctrine du partage déclaratif relativement aux constitutions de droits réels, et aux aliénations consenties pendant l'indivision par l'un des copartageants.

De cette idée que le partage n'est pas une translation de propriété, mais une simple démonstration, une déclaration en d'autres termes, il résulte cette autre conséquence que les partages, licitations, ou tous autres actes tenant lieu de partage, ne sont pas soumis à l'*action résolutoire* pour défaut de paiement

_____

(1) Lebrun, liv. IV, chap. 1, n⁰ 21. — Demol., V. n⁰ 306. — Zachariæ, V. p. 267. — Toulouse, 15 janvier 1830, (Dev., 30, 11, 286).

de la soulte ou du prix, de la part du cohéritier qui en est débiteur envers celui ou ceux de ses cohéritiers qui en sont créanciers.

En effet, la demande en résolution pour défaut de paiement du prix se rattache à l'effet du contrat, et présuppose un contrat synallagmatique où les parties sont réciproquement les ayants cause l'une de l'autre. Or, précisément, la nature déclarative du partage s'oppose *à priori* à toute demande dans laquelle il faut prendre ce point de départ. Aussi le législateur a-t-il dû accorder, *expressément*, le *privilége* pour le paiemeut de la soulte, et l'*action privilégiée* pour la garantie. Or, il n'a nulle part accordé l'action résolutoire; et on peut aujourd'hui constater, en outre, la même différence dans la loi du 23 mars sur la transcription. C'est donc en vain qu'on objecte l'art. 1184 (1). Ajoutons que la décision contraire porterait le trouble dans les familles, ainsi que l'a fait remarquer un arrêt de Nancy parfaitement motivé (2).

Par suite du même principe, il faut décider que le cohéritier adjudicataire sur licitation n'est pas soumis à la revente sur folle enchère.

Mais, pourrait-on stipuler, soit dans un acte de partage, soit dans tout autre acte équivalent, que la résolution du partage pourra être demandée, ou que l'adjudication sera soumise à la folle enchère,

---

(1) *Thémis*, 7, p. 117 et suiv.
(2) Cass., 29 décembre 1829, (Dev., 1830, 1, 35.) — Nancy, 27 juillet 1838, (Dev., 38, 2, 370.) — Demangeat, *Revue pratique de droit français*, 1857, p. 271 et suiv.

pour défaut de paiement de la soulte ou du prix ?

En d'autres termes, le caractère déclaratif du partage est-il essentiel ou seulement naturel. Peut-on y déroger par une stipulation expresse et déclarer dans l'acte que le partage sera résolu pour cause de non-paiement?

On l'a contesté, mais j'avoue ne pas faire de doute que l'affirmative ne doive être admise. Que dit-on dans le camp adverse? Vous allez changer le caractère essentiel du partage; et, s'il est vrai que les stipulations tiennent lieu de lois entre les parties, ce n'est qu'à la condition qu'elles n'aillent pas contre l'essence même du contrat, essence qui est d'ordre public et qui garantit la sécurité des familles.

Je commencerai d'abord par faire observer que la garantie avec privilége et la rescision pour lésion, que la loi admet en matière de partage, dérogent tout autant au caractère déterminatif et prétendu essentiel du partage, que la résolution stipulée par les parties. Si donc la loi a elle-même renversé et détruit l'essence du partage, pourquoi les parties, par un juste esprit d'imitation, ne pourraient-elles pas y déroger en vertu de stipulations expresses. Remarquons d'ailleurs que le caractère juridique du partage n'est pas, pour cela, détruit; car, le partage sera déclaratif, tant qu'il ne sera pas résolu; et, dès qu'il sera résolu, au contraire, il ne sera plus ni déclaratif, ni translatif, puis qu'il n'y aura plus de partage. Aujourd'hui même, cette clause est devenue de style, et la jurisprudence en reconnaît la validité (1).

Il nous reste encore quelques observations d'importance secondaire à faire sur le § 1er que nous étudions en ce moment.

Certains auteurs, tout en admettant que les droits du créancier hypothécaire se trouvent éteints dans le cas où l'immeuble sur lequel portait l'hypothèque ne tombe pas au lot du cohéritier débiteur, soutiennent que l'art. 883 est étranger aux règlements des droits respectifs des créanciers d'un même cohéritier. En conséquence, ils prétendent qu'elle subsiste sur le montant de la soulte, ou sur le prix de licitation, qui sera réparti d'abord entre les créanciers hypothécaires, et subsidiairement seulement entre les créanciers chirographaires. Ce système retombe dans celui de M. Rodière qui voit dans le partage avec soulte une sorte d'acte translatif de propriété (2). Pour nous, nous repoussons cette opinion : l'héritier étant censé n'avoir jamais eu aucun droit de propriété sur l'immeuble, l'hypothèque qu'il a consentie doit être réputée n'avoir jamais existé. Nous décidons pour la même raison, dans ce cas, que l'art. 2131 ne peut recevoir aucune application ; on ne peut dire, en effet, qu'il y a eu diminution

---

(1) Cass., 9 mai 1834, (Dev., 34, 1, 523.) — 27 mai 1835, (Dev., 1, 341.) — Cass., 6 janvier 1846, (Dev., 46, 1, 120.) — Demol., *Success.*, V. n° 310. — Zachariæ, V. p. 268.

(2) Zachariæ, § 625. — Duquaire, *Revue critique*, 1853, p. 806. — Proudhon, *Usufruit*, n° 2392. — Aix, 23 janvier 1835, (*Sir.*, 35, 2, 267).

dans le gage hypothécaire puisque le gage n'a jamais eu d'existence.

Un arrêt de la cour de cassation du 28 février 1826 présente une application remarquable du principe de l'art. 883 en matière de legs. Je prends l'espèce de l'arrêt : une testatrice avait légué sa moitié indivise dans un moulin, et sa moitié indivise dans une métairie. Le partage de ce moulin et de cette métairie a lieu, avant le décès de la testatrice ; la totalité de la métairie échoit à cette dernière, la totalité du moulin à ses copropriétaires. La testatrice meurt ensuite. Le legs de la moitié du moulin se trouve anéanti, puisque aucune partie du moulin n'était arrivée à la testatrice par l'effet du partage. Mais, les légataires ayant demandé que la moitié du moulin leur fût accordée, la cour de Poitiers et la cour de cassation rejetèrent avec raison leurs prétentions. En effet, que s'est-il passé en réalité ? La testatrice est réputée n'avoir jamais été propriétaire du moulin, elle a donc fait à cet égard un legs entièrement nul, nul comme l'hypothèque qu'elle eût consentie sur le même bien. Reste le legs de la moitié indivise de la métairie; ici encore, comme pour l'hypothèque, il faut décider que la moitié seulement de cette métairie appartiendra aux légataires. Dans le doute cependant, on suppose que le legs est général ; il faut en dire autant de l'hypothèque.

Du principe général que pose l'art. 883, nous devons tirer naturellement cette conséquence que l'acte de partage ne doit pas être transcrit, ni à l'effet de transférer la propriété, ni à l'effet de purger. C'est ce qu'on admettait déjà dans les pays de nantissement (Merlin, *Répert. Nantissement*, § 1, n° 6, 6°). Cette exception fut reproduite par la loi de brumaire, an VII. En 1850, on demanda, lors de la réforme hypothécaire projetée, la transcription des partages ; mais cette demande fut rejetée, comme l'avait été autrefois le projet de Jacqueminot (Fenet, t. I, p. 430), et la loi de 1855 garda sur les partages le silence le plus absolu (1).

Il reste sur cette matière une dernière question. Que devient le trésor trouvé par l'un des cohéritiers pendant l'indivision? La moitié appartient à l'inventeur évidemment. Mais il est bien certain, malgré la règle de l'art. 883, que l'autre moitié n'ira pas à celui des copartageants qui aura le fonds : ce serait absurde.

De même, un arrêt de la cour de Rennes a jugé, avec infiniment de raison, que le mineur, devenu majeur, n'a pas d'hypothèque légale sur les biens de son père tuteur, pour la créance du prix d'un immeuble qui leur appartenait par indivis, et dont le père s'est rendu adjudicataire depuis la majorité de l'enfant. « Il serait, dit l'arrêt, contraire à la raison, qu'une créance pût *préexister* à sa cause (2).

(1) Mourlon, *Revue pratique de droit français*, 1859, t. VIII, p. 113 et suiv., et p. 209 et suiv.
(2) Rennes, 31 mars 1841, (Dev., 41, II, 423).

§ 2. Application de la règle de l'art. 883 en ce qui concerne les tiers qui ne se trouvent pas comme ayants cause de l'un des cohéritiers, en relation avec les autres cohéritiers.

Dès l'abord, une question importante se présente, qui divisait autrefois, et divise encore aujourd'hui les jurisconsultes. L'art. 883 s'applique-t-il entre l'un des héritiers et les tiers avec lesquels il se trouverait en relation de communauté ou de société.

Précisons, et pour cela prenons une espèce. Un homme se marie sous le régime de communauté légale, et, pendant son mariage, une succession lui échoit, dans laquelle il y a des meubles et des immeubles. Par suite de je ne sais quelle combinaison du partage, aucun immeuble ne lui est attribué, et son lot est exclusivement composé de meubles ; ou bien encore, une succession entièrement immobilière étant donnée, son cohéritier se rend adjudicataire, sur licitation, de toute la succession, moyennant un prix ou soulte qu'il donne au mari. Dans ces deux cas fort semblables, mais, suivant nous, fort différents, faut-il dire que tous les meubles, ou tout le prix mis dans le lot du mari tombera en entier dans la communauté, ou restera propre, au moins pour partie ? En d'autres termes, faut-il faire ici une application entière de l'art. 883 ? Trois systèmes sont en présence sur cette importante et pratique question, deux extrêmes et un intermédiaire. Nous nous attachons volontiers au dernier ; mais, avant de le développer, un mot sur les deux autres.

Dans une première opinion, on applique à la lettre l'art. 883. Cet article, dit-on, est formel, chaque héritier est censé avoir toujours été propriétaire des objets qui lui sont attribués par le partage définitif. Où trouverait-on une raison suffisante pour déroger à ce principe absolu? On la cherche vainement dans la loi; donc il faut ici appliquer l'art. 883, quoi qu'on en ait, et malgré les froissements d'intérêt qu'une pareille doctrine amène à sa suite (1).

En face de cette première théorie, se place une théorie entièrement contraire qui, se reportant à des principes d'équité et de bon sens, repousse entièrement l'application de l'art. 883. Il est évident, disent les partisans de ce système, que tout le prix de la licitation ne peut tomber en communauté, pas plus que tous les meubles n'y peuvent tomber; car ces meubles, ce prix, représentent pour moitié la part indivise de l'immeuble qui se trouve au lot du cohéritier; et, en cette qualité, ils ne doivent aucunement tomber en communauté. Tel était le système suivi par Lebrun et par Valin, dans l'ancien droit, système que soutiennent aujourd'hui MM. Aubry et Rau (2). Ils invoquent les art. 1096 et 1437, et repoussent, comme contraire à la raison et au texte de

(1) Bourjon, *Le droit commun de la France*, 2ᵉ partie, *De la communauté*, chap. 2, sect., IV. Distinct., 3, nᵒˢ 66-69.

(2) Lebrun, *Communauté*, liv. I, chap. 5, sect. 2. Distinct., 1, nᵒˢ 40-43 et 78-80. — Valin, *Coutume de la Rochelle*, art. 48, § 2, nᵒ 7. — Aubry et Rau sur Zachariæ, V. p. 269-271.

la loi, la distinction équitable proposée par le troisième système.

Nous ne saurions, pour notre part, admettre les deux premières opinions ; car toutes deux tiennent trop peu de compte des principes et de la loi. Aussi, nous proposons volontiers une sorte de transaction qui doit tout concilier ; et nous distinguons le cas où il y a une soulte ou un prix payé par le cohéritier, du cas où tous les meubles sont mis au lot d'un seul, du mari, par exemple, et tous les immeubles au lot de son cohéritier.

Dans le premier cas, on le conçoit, nous n'admettons pas l'art. 883 ; car évidemment, on ne peut dire alors que le cohéritier est censé avoir succédé au défunt pour les objets compris dans son lot, puisque ces objets lui viennent de son cohéritier et n'ont jamais appartenu au défunt. Dans le second, au contraire, la nature des choses ne s'opposant plus à l'application de l'art. 883, et cet article étant conçu en termes aussi absolus que possible, nous nous résignons à l'accepter et à l'appliquer, quoique avec répugnance ; car s'il est légalement applicable, nous ne pouvons nous empêcher de voir que cette application répugne et à la volonté des parties, et à la pensée du législateur lorsqu'il a réglé avec tant de soin la composition de la communauté. M. Demolombe est le principal auteur que l'on invoque dans le troisième système. Qu'on nous permette de le résumer le plus brièvement possible.

L'art. 1558 prouve contre le premier système que l'art. 883 n'est pas toujours applicable en matière de conventions matrimoniales, lorsqu'il dispose que la part du prix revenant à la femme dans la licitation de l'immeuble dotal indivis avec des tiers sera dotal, et qu'il en sera fait emploi comme tel au profit de la femme.

Contre le deuxième système, l'art. 1408 prouve à son tour que l'art. 883 est applicable entre l'époux et la communauté, lorsqu'il dispose que l'acquisition dont il parle ne forme point un conquêt. Il est vrai qu'on peut autrement expliquer l'art. 1408 en disant que c'est là un effet de l'accession, et un accroissement de propriété. Mais Bourjon, qui s'exprimait ainsi dans notre ancien droit, n'en expliquait pas moins aussi cette disposition au moyen de l'effet déclaratif du partage.

Les systèmes absolus écartés, voyons le nôtre.

Il est d'abord à remarquer qu'il n'est que la reproduction même de Pothier (1), et que c'est précisément à ce même jurisconsulte que l'art. 883 a été textuellement emprunté.

Du reste, la distinction que nous proposons est loin d'être illogique, ainsi qu'on nous le reproche. Très-différent est le partage en nature du partage au moyen d'une soulte ou d'une licitation. Dans le premier cas, on se trouve tout à fait dans les termes de l'art. 883, qui porte que chaque cohéritier est censé avoir succédé seul à tous les effets compris dans son lot; or, tous les effets compris dans le lot

____

(1) *De la communauté*, 1re partie, chap. 2, no 100, et 4e partie, chap. 1, nos 629-630.

de l'époux héritier étant des effets même de la succession, il faut bien reconnaître avec notre article, qu'il est censé, quelle que soit leur nature, y avoir seul succédé. Avant le partage, sa part indivise était, selon l'expression de Lapeyrère, répandue sur le tout ! (Lettre H, n° 38.) Dans le deuxième cas, au contraire, l'époux héritier ne peut être censé tenir la soulte ou le prix du défunt qui ne les a jamais eus ! C'est aussi ce que la législation fiscale a parfaitement reconnu.

On objecte, dans la deuxième opinion, que notre système est contraire aux art. 1096 et 1437. Mais les dispositions de ces articles existaient déjà dans l'ancien droit, et cependant elles n'avaient pas effrayé Pothier. Quels ne seraient pas, du reste, les inconvénients du deuxième système, puisque le partage le plus loyal, celui dans lequel on aurait le mieux observé la disposition de l'art. 832, ne prouverait rien entre l'époux et la communauté, et qu'il y aurait toujours lieu de recommencer entre eux de nouvelles opérations qui seraient nécessairement difficiles et incertaines. Ce serait bien là, comme disait Bourjon, *enter contestation sur contestation !* (1)

A la question dont nous venons de parler, se lie étroitement celle que le législateur a résolue, en édictant la disposition de l'art. 1408. Cette·disposition

---

(1) Demol., *Success.*, V. n° 317. — Cass., 18 décembre 1850, (51, 1, 253, Dev.). — Toullier, XII, n° 119, Dur., XIV, n° 117. — Pont et Rodière, *Contrat de mar.*, I, n°s 341-433. — Pont, *Revue critique*, II, p. 139 et suiv. — Troplong, *Contrat de mar.*, I, n° 444. — Massé et Vergé sur Zachariæ, IV, p. 66.

sition, n'est du reste, il est facile de le voir, qu'une application de l'art. 883.

Mais, à l'occasion de l'art. 1408, une question assez intéressante s'est présentée dans l'opinion des auteurs, qui n'appliquent pas l'art. 883 à l'acte qui ne fait pas cesser l'indivision, à l'égard de tous les cohéritiers. Que décider dans cette opinion si l'époux n'aquiert qu'une portion de l'immeuble dont il est cohéritier? M. Pont refuse alors d'appliquer l'art. 1408 et décide que, dans ce cas, les nouvelles parts seront des conquêts. Mais M. Marcadé soutient, avec raison, que l'art. 1408 doit être appliqué, même lorsque quelques-unes des parts seulement seraient acquises par l'époux. L'art. 1408, en effet, suppose l'aquisition de *portion* ou de la totalité d'un immeuble (1).

Nous croyons devoir appliquer au régime dotal, la même doctrine que nous appliquons à la communauté. Si donc la femme, en constituant ses immeubles en dot, s'était réservé la faculté de les *aliéner* sous la condition d'un *remploi*, il n'y aurait pas lieu au remploi des valeurs mobilières *provenant de la succession*, tandis que le remploi devrait être fait de la *soulte ou du prix* (2).

Il en serait encore de même au cas, où l'un des héritiers, mort avant le partage, laisse un légataire de ses meubles, et un légataire de ses immeubles.

L'art. 883, proclamant le principe de l'effet dé-

---

(1) *Revue critique*, I, p. 203 et 528.

(2) Tessier, *Dot.*, I, p. 275. — Troplong, *Vente*, II, n° 876, *Du contr. de mar.*, IV, n° 3113.

claratif du partage, s'oppose à ce que cet acte soit une juste cause de prescription. Il en était autrement à Rome, et cela se conçoit. Mais aujourd'hui, que le partage est plutôt dévestitif qu'investitif, en d'autres termes, qu'il est démonstratif de propriété, il ne peut évidemment pas former la base d'une acquisition par possession de dix ou vingt ans.

Le rapprochement de l'art. 710, comparé à l'art. 883, fait naître une assez grande difficulté. L'art. 710 est ainsi conçu : « Si parmi les copropriétaires il s'en trouve un, contre lequel la prescription n'ait pu courir, comme un mineur, il aura conservé le droit de tous les autres. » Supposons avec M. Demolombe, qu'un immeuble, faisant partie d'une succession indivise entre *Primus* et *Secundus*, a une servitude de passage sur le fonds du voisin. *Primus* était mineur, *Secundus*, majeur.

L'immeuble, par suite du partage, tombe au lot de *Secundus*, et ce dernier veut exercer son droit de passage, mais le propriétaire du fonds servant lui oppose que la servitude est éteinte par non-usage. *Secundus* lui répond par l'art. 710. Le propriétaire servant peut-il lui répliquer par l'art. 883 ? Voilà la question. La Cour de cassation admet, dans ce cas, que l'art. 883 doit l'emporter sur l'art. 710 (Cassat., 2 décembre 1845-46. 1. 21 Dev. — 29 août 1853. Dev. 54. 1. 707. — Marcadé, sur l'art. 2252). Mais, nous croyons, au contraire, au moins lorsqu'il s'agit de choses indivisibles, que la prescription qui a été suspendue en faveur de l'un des cohéritiers durant l'indivision , doit être considérée comme ayant été suspendue en faveur de tous les cohéritiers; la preuve nous en paraît résulter formellement des art. 709 et 710. (*Servitudes* 11. N° 999, Demol. — Pothier, *Prescription* n° 111. — Troplong. — *Prescription* 11, n° 111).

Voici comment nous raisonnons : Évidemment, si aux termes de l'art. 709 la servitude est conservée pendant l'indivision, par la jouissance de l'un, et pour celui quel qu'il soit, des copropriétaires, auquel le partage attribuera le fonds dominant, il faut dire aussi, et avec la même raison, que telle doit être inévitablement la conséquence de l'art. 710. Il est même digne de remarque que les termes de ce dernier sont plus énergiques que ceux du premier. Terminons, en disant que le système de la Cour de cassation efface et anéantit presque complétement les art. 709 et 710, et ne leur laisse plus qu'un rare cas d'application, celui où le fonds dominant sera adjugé à un tiers, étranger à la société. Telle est notre décision pour le cas où la chose indivise est un objet indivisible.

Or, si nous supposons, au lieu d'un droit indivisible comme la servitude, un droit divisible, et que de plus nous ajoutions cette circonstance que l'objet prescrit est indivis entre un mineur et un majeur, voici la question qui se présente d'elle-même : en admettant que par suite de l'événement du partage, tout l'objet indivis tombe au lot du mineur, faut-il décider, par application de l'art. 883 pris à la lettre, que le tiers prescrivant n'a pu rien acquérir, malgré sa possession prolongée, ou bien, vaut-il mieux penser que le tiers a pu prescrire l'objet pour moitié?

J'incline à penser, conformément à la deuxième opinion, que la prescription a pu s'accomplir jusqu'à concurrence de *la moitié indivise*. Il est constant, en effet, que le tiers prescrivant contre un majeur et un mineur devait s'attendre à ce résultat, et pouvait s'y attendre : ce serait donc tromper un légitime espoir que de ne lui rien accorder par suite d'un partage où il n'a pu intervenir, et qui nécessairement serait presque toujours fait contrairement à ses justes prétentions.

Et qu'on n'objecte pas l'art. 883 comme on pourrait peut-être le faire. Oui, évidemment l'art. 883 déclare que le partage est déclaratif et non attributif; oui, l'art. 883 déclare que le mineur est censé avoir toujours été propriétaire de l'objet compris dans son lot. Et l'on triomphe, et l'on en conclut que la prescription a été vaine puisqu'elle s'adressait à un corps invulnérable de toutes parts. Mais c'est raisonner en prenant pour principe l'objet même de la contestation : il s'agit précisément de savoir si l'objet en question est régi tout entier par l'art. 883, et c'est ce qui est contesté. Si, en effet, la prescription s'est accomplie avant le partage sur l'objet indivis, n'est-il pas évident que le partage n'a pas porté, n'a pas pu porter *sur la moitié prescrite*, et n'ai-je pas mille fois raison de dire que pour cette moitié déjà prescrite, hors de l'indivision et du partage, l'art. 883 ne peut recevoir d'application (1).

(1) Demol., V. nᵒ 327. — Bordeaux, 23 janvier 1830, (D.,1830, 11, 83.) — Cass., 12 novembre 1833, (D., 1834, 1, 14). — Pothier, *Prescription*, nᵒ 3. — Troplong, *Prescription*, 11, nᵒ 868.

L'art. 563 du Code de commerce soulève une question relativement à l'étendue d'application de l'art .883.

Un homme tombe en faillite : cet homme est marié sous le régime de communauté, et lors de son mariage, il exerçait l'état de commerçant. Or, l'art. 563 du Code de commerce décide que dans ce cas, l'hypothèque légale de la femme ne frappe que les immeubles possédés par le mari au moment même du mariage, ou à lui survenus depuis par succession ou donation. Voici donc, à cet égard, la difficulté qui peut se présenter. Une succession immobilière échoit au mari pendant le mariage; par suite du partage, il se trouve que tous les immeubles lui sont attribués, moyennant une soulte, ou un prix de licitation.

Eh bien! on se demande alors si l'hypothèque légale de la femme, au cas où ce mari viendrait ensuite à tomber en faillite, frappera sur tous les immeubles ainsi mis au lot de son mari, ou si elle ne frappera que la moitié. La question est très-controversée et mérite une sérieuse attention. Sans doute, si on ne considère ici que la règle de l'art. 883, il faut admettre l'affirmative. Mais, ne pourrait-il pas se faire qu'un principe contraire vînt s'opposer à cette application pure et simple de notre règle du partage déclaratif? Je le pense quant à moi; et, outre que mon opinion est conforme à l'équité et au bon sens, je me fais fort de la justifier par une raison péremptoire. Sans doute, l'art. 883 est formel; cependant il ne l'est pas tant que, si un principe contraire est écrit dans la loi pour la question qui nous occupe, il ne faille le repousser avec d'autant plus de force que l'appliquer serait consacrer une injustice au profit de la femme, et au préjudice des créanciers. Or, ce principe contraire, il est écrit, au moins implicitement dans l'art. 563 du Code de commerce, précédemment indiqué. Quel est, en effet, le sens et la portée de cet article? Le législateur a voulu évidemment protéger contre une fraude trop facile les créanciers du failli : il a donc supposé, non sans raison, que les immeubles acquis pendant le mariage, autrement que par succession ou donation, l'étaient au moyen de l'argent de la communauté, ou, en d'autres termes, avec l'avoir et la fortune des créanciers ; aussi a-t-il eu soin de décider que, dans ce cas, la femme n'aurait aucune cause de préférence sur ces acquisitions, et il a bien fait. Mais, précisément, dans notre espèce, n'est-il pas évident que l'immeuble tombé tout entier au lot du mari par suite d'une licitation, est en réalité acheté pour moitié des deniers sociaux, ou autrement dit des créanciers? En face de cette considération, nous croyons qu'il est juste de mettre de côté l'art. 883. L'art. 563 (C. de commerce) ne veut pas que l'hypothèque frappe sur un immeuble acquis à titre onéreux ; or, il est incontestable dans l'espèce que la moitié de l'immeuble n'a pas été acquise *sans bourse délier*, mais avec l'argent même de la caisse commerciale qui était le gage et pour ainsi dire la propriété des créanciers (1).

(1) Bourges, 2 février 1836, (Dev. 37, 11, 465). — Paris, 8 avril 1853, (Dev. 53, 11, 565). — Demolombe, V. n⁰ 328, *Successions.*

Signalons, en terminant cette matière, la relation qui existe entre l'art. 883 et l'art. 2205 sur l'expropriation forcée, et l'application de la règle du partage déclaratif au point de vue de la transcription. Nous avons déjà fait allusion à ces deux sortes de relations dans le courant de cette thèse, et nous croyons inutile de donner à cet égard de plus amples détails.

CHAPITRE IV

DE L'EFFET DÉCLARATIF DU PARTAGE AU POINT DE VUE DE LA LOI FISCALE.

Il y a quelque chose de fort curieux et de singulièrement étonnant dans toute cette matière. La règle du partage déclaratif, d'abord admise dans le droit fiscal en haine des droits seigneuriaux de mutation, et que nous avons vue s'introduire avec tant de difficulté dans le droit civil, finit bientôt par faire dans cette seconde carrière des progrès beaucoup plus rapides que dans la première. L'étude à laquelle nous allons consacrer seulement quelques pages nous montrera de nombreuses restrictions apportées par l'enregistrement à la règle du partage déclaratif, et nous aurons l'occasion d'admirer comment l'art. 883, qui exerce un empire incontesté dans les matières civiles, a peine à conserver un peu d'influence là où il semblerait devoir régner sans contestation. Cette marche singulière est, du reste, facile à concevoir. Les légistes, luttant contre la féodalité soutinrent de toutes leurs forces la règle qui faisait échapper aux droits seigneuriaux les actes de partage, et cette règle se répandit bientôt naturellement dans le droit civil. Mais plus tard, quand le fisc royal remplaça les droïts seigneuriaux, ces mêmes légistes, si ardents à poursuivre la féodalité, montrèrent la même ardeur à soutenir le pouvoir souverain; et, tandis qu'ils laissaient la règle du partage déclaratif suivre librement son chemin dans les matières civiles, ils la restreignaient autant que possible là où elle se trouvait en contradiction avec les prétentions du fisc royal.

Nous ne voulons pas entrer ici dans l'exposé complet de cette vaste matière. Nous nous bornerons donc à indiquer les grands principes qui la dominent, et qui font exception à la règle civile du partage déclaratif. Nous suivrons à cet égard la marche peut-être monotone, mais claire, que nous avons déjà suivie dans le deuxième chapitre, voyant l'un après l'autre les divers actes qui peuvent mettre fin à l'indivision.

1° Des partages purs et simples.

Pour ces sortes de partages, nous aurons peu de choses à dire, car les principes du droit fiscal sont les mêmes que ceux du droit civil. Telle est la doctrine que consacre formellement l'art. 68, § 3, 2°, de la loi du 22 frimaire, an VII.

Mais une question s'est élevée à l'occasion de la loi du 28 avril 1816 sur la transcription. On s'est demandé si, dans le cas de partage, le receveur de l'enregistrement devait, conformément à cette loi, exiger, lors de l'enregistrement, outre le droit fixe de 5 francs, le droit proportionnel de 1 1/2 p. 100 ? Nous ne le pensons pas. L'art. 54 ne parle en aucune façon des actes de partage, et les travaux préparatoires de la loi montrent suffisamment que telle est bien la pensée du législateur (1).

Nous avons vu dans les matières civiles que l'effet déclaratif du partage se produit, que les copartageants viennent ou non concourir en vertu d'un titre commun. Mais, si la cour de cassation admet cette décision en matière civile, elle est d'avis entièrement contraire quand il s'agit des droits d'enregistrement. Nous ne saurions admettre quant à nous ce considérant de la cour de cassation : « Qu'il résulte des lois spéciales sur l'enregistrement que les dispositions de l'art. 883 ne sont pas applicables dans les matières que ces lois régissent (2). »

L'art. 883, quoi qu'on en dise, est un principe général qu'il faut appliquer même en matière fiscale, excepté dans les cas où la loi y a formellement dérogé, comme en ce qui concerne les soultes et la licitation. Or, loin d'y déroger, l'art. 68 § 3 n° 2 de

(1) V. Championnière et Rigaud, n° 2183, *Traité d'enregistrem.*
(2) Cass., 27 janvier 1857, (57, 1, 665.) — Voir aussi Bordeaux, 12 juillet 1858, (*J. du Pal.*, 59, p. 712).

la loi du 22 frimaire an vii soumet à un seul et même tarif, sans distinction, les partages entre copropriétaires, *à quelque titre que ce soit.* N'est-il pas évident que les rédacteurs ont voulu supprimer la distinction existant, d'après la loi du 14 thermidor an iv, entre l'hypothèse d'un titre commun, et celle de titres divers. Notre doctrine donne lieu, il est vrai, à des fraudes nombreuses au préjudice du trésor ; mais, au lieu d'écarter absolument un principe vrai en soi, n'aurait-il pas été mieux, comme le proposent MM. Championnière et Rigaud, de distinguer entre le cas où le premier acte, sincère et de bonne foi, a eu pour but d'établir un état d'indivision entre les parties, et le cas où les parties, au contraire, n'ont voulu faire qu'une vente de tout l'immeuble en deux actes successifs (1) ?

On admet, en général, dans la jurisprudence et la doctrine qu'on peut expressément stipuler la résolution d'un acte de partage. Mais, dit M. Demolombe, l'administration de l'enregistrement ne serait-elle pas fondée à prétendre que la stipulation de cette condition résolutoire pour défaut de paiement du prix ou de la soulte, a changé le caractère du partage ; qu'elle en a fait un acte translatif, et non pas déclaratif, et qu'il y a lieu, en conséquence, à la perception du droit proportionnel ?

Pourquoi, en effet, la condition résolutoire ne peut-elle être invoquée en matière de partage, à

---

(1) Championnière et Rigaud, t. III, n° 2793 et suiv. — Demol., *Success.*, t. V, n° 290.

défaut de stipulation expresse ? C'est que le partage est un acte déclaratif ; or, s'il arrive que l'on puisse invoquer la condition résolutoire, c'est que le partage est alors considéré comme *translatif*. Mais la cour de cassation a fort bien répondu que la stipulation de cette condition résolutoire ne change pas le caractère juridique du partage :

« Attendu que la clause de résolution serait, non une atteinte portée au caractère juridique du partage, mais seulement la détermination des cas et des conditions dans lesquels il serait censé exister entre les parties (1). »

2° Du partage avec soulte.

Nous avons expliqué précédemment ce qu'il faut entendre par soulte ou retour de lots, et nous n'avons pas à revenir ici sur cette définition. Le fisc royal, en présence de la divergence qui existait entre les coutumes relativement aux droits de lods et ventes en matière de soulte, opta pour la doctrine la plus avantageuse au trésor. « S'il est échu, dit le Dictionnaire des domaines (V. Partage), à l'un des copartageants des immeubles, au delà de ce qui doit composer sa part, et qu'il soit tenu de faire raison de l'excédant à ceux qui sont moins partagés, c'est ce qu'on appelle soulte ou retour de lots. Le droit du centième denier en est dû, parce que la

(1) 6 janvier 1846 (Dev. 46, 1, 120). — Demol., *Successions*, V. n° 311.

somme payée par l'un des copartageants à l'autre est le prix d'une acquisition qu'il fait jusqu'à concurrence. » Telle est la doctrine que consacra formellement l'art. 68 § 3, n° 2 de la loi du 22 frimaire an VII.

Mais faut-il décider que, pour ces sortes de partages, le droit de transcription est dû à l'enregistrement ? Malgré les prétentions de la régie, nous déciderons, avec un arrêt de la cour de cassation du 27 juillet 1819, que le droit de 4 p. 100 est le seul qui puisse être dû. Cette décision, du reste, est conforme à la justice, puisque le partage est dispensé de la transcription par la loi de 1855 de la façon la plus formelle, et que faire payer un droit de transcription serait faire payer un droit complétement illusoire.

Il faut admettre, suivant nous, qu'il y a soulte au cas où un cohéritier a reçu dans son lot des effets héréditaires à la charge de payer dans les dettes une part excédant celle dont il est tenu en vertu de la loi : le droit de soulte devra être payé dans cette hypothèse (1).

Disons en passant qu'il faut appliquer, en matière fiscale, la même théorie que celle que nous avons admise en matière civile pour tous les actes préparatoires ou équipollents à partage. Nous renvoyons donc, à cet égard, aux notions que nous avons données précédemment sur ces diverses sortes d'actes.

(1) Tribunal de Nantes du 12 mars 1847.

3º Des licitations.

Rappelons brièvement quelle a été la marche de la législation sur cette matière : les principes du droit fiscal, comme pour la soulte, sont ici différents de ceux du droit civil.

Un arrêt de 1538, rendu grâce aux efforts de Dumoulin, décida que le cohéritier adjudicataire sur licitation, ne devait les droits de lods et ventes au seigneur que pour les parts de ses cohéritiers, et non pour la sienne. Bientôt les feudistes proclamèrent que le cohéritier adjudicataire ne devait pas les droits fiscaux, même pour les parts des colicitants. C'était assimiler entièrement la licitation au partage en nature. Mais, bientôt, le fisc royal apparut sur la scène, et tout changea à l'instant. L'édit de 1722 exigea le droit du centième denier sur les *licitations*. Ces expressions vagues donnèrent lieu à de graves dissentiments. Quand parut la loi du 22 frimaire an VII, le bureau des finances admettait que le cohéritier ne devait l'impôt que pour *les parts acquises*, et non pour *sa propre part*. Cette jurisprudence fut consacrée par la loi de brumaire; mais, ainsi que le dit M. Championnière (1), « il n'est pas d'article de la loi fiscale qui ait donné naissance à une controverse plus active, à une jurisprudence plus nombreuse, créé une divergence plus persistante entre la cour suprême et les tribunaux. Il

(1) *Revue du droit français*, t. VII, p. 25.

existe sur la même question plus de vingt arrêts de cassation, parmi lesquels un arrêt des chambres réunies : les tribunaux n'en tiennent compte, et jugent encore contrairement à la cour. La régie elle-même est en divergence avec ses propres décisions : ses instructions prescrivent aujourd'hui le contraire de ce qu'elles ont prescrit pendant près de quarante ans. »

L'art. 69 du § 5, 6°, de la loi de brumaire, soumet au droit de 2 p. 100 « *les parts et portions acquises par licitation* de biens meubles indivis ; et le § 4 assujettit au droit de 4 p. 100 *les parts et portions indivises* de biens immeubles *acquises par licitation*. » Mais quel est le sens précis et exact de ces mots : *part acquise*. C'est là que naît la difficulté et que se livre la controverse.

Une décision ministérielle du 21 décembre 1829 porte : « que l'art. 69, qui assujettit les parts acquises, doit être entendu de ce qui est réellement acquis par un cohéritier au delà de sa part virile dans la masse, et non dans un immeuble qui n'est lui-même qu'une fraction de la masse. » C'est le système que nous adoptons et que nous croyons conforme à la loi. Il fut soutenu, même par l'administration de l'enregistrement, jusqu'en 1835. Mais une décision ministérielle, du 23 mai de la même année, ordonna aux employés de l'enregistrement de ne déduire que la part du cohéritier adjudicataire *dans le bien licité*. Cette décision ne se fonde que sur deux motifs : que l'art. 883 est inapplicable en matière d'enregistrement, et que les anciennes règles de perception n'ont aucun rapport avec celles qui ont été établies par la loi du 22 frimaire an VII. Telle est la théorie de l'administration, théorie que la cour de cassation a constamment consacrée, malgré la résistance des tribunaux et d'un grand nombre d'auteurs (1).

Cet exposé historique indique suffisamment quelle est la question qui s'agite. Est-ce ce qui excède la part que l'héritier adjudicataire a dans l'immeuble licité, ou ce qui excède celle qu'il a dans la masse héréditaire que l'on soumet aux droits proportionnels de mutation ?

Il est incontestable que la théorie fiscale en ce qui concerne le partage est celle-ci : il faut que toutes les valeurs qui entrent dans le patrimoine d'une personne soient frappées d'un droit de mutation ; mais il ne faut pas que *deux droits* soient perçus à raison des mêmes valeurs.

Or, dit-on, est-ce que ces parts et portions acquises par l'héritier colicitant qui s'est rendu adjudicataire, ne sont pas déjà soumises au droit de mutation ? Et dès lors, ne doivent-elles pas être exemptes d'un nouveau droit de perception ? Cela est incontestable en tant que les parts et portions ainsi acquises n'excèdent pas la valeur de sa part héréditaire dans la masse partageable, et qu'il n'est tenu de *rien débourser.*

Mais comment savoir si ces parts n'excèdent pas

(1) Cass., 30 janvier 1839, 6 novembre 1851 (Dev. 51, 1, 778). — Cass., 5 mars 1855 (Dev. 55, 1, 376). — Cass., 8 août 1855 (Dev. 56, 1, 76).

la valeur de sa portion héréditaire dans l'ensemble des biens de la succession? Naturellement, par la production même de l'acte de partage. Dans ce cas, si l'adjudication et le partage définitif sont présentés simultanément à l'enregistrement, nous sommes d'accord avec la régie et avec la cour de cassation.

Mais la division survient au cas où l'adjudication précède le partage. Dans cette hypothèse, la cour de cassation décide que le droit proportionnel est dû par l'adjudicataire pour les portions *qui excèdent sa part de copropriété dans le bien licité*. Or, comme aux termes de l'art. 60 de la loi de frimaire, tout droit d'enregistrement régulièrement perçu ne peut être restitué, la cour suprême en conclut que le droit perçu dans notre espèce ne doit pas être restitué quel que soit le résultat du partage; le partage postérieur à la licitation étant, dit-on, un de ces *événements ultérieurs* qui ne donnent pas lieu à la restitution du droit régulièrement perçu.

Nous ne pouvons admettre cette jurisprudence, car la question est précisément de savoir si le droit, dans ce cas, a été *régulièrement* perçu.

Voyons comment on raisonne dans notre système. « Vous ferez cesser, disait l'orateur du gouvernement en présentant le projet de loi du 22 frimaire, la perception du droit proportionnel sur les inventaires et les partages, non-seulement parce que ces actes ne sont pas des transmissions, mais encore parce qu'ils sont une suite nécessaire de mutations pour lesquelles ils doivent ou ont payé le droit proportionnel. »

Quand la succession est ouverte, chaque héritier est tenu de payer un droit proportionnel pour la part qui lui revient ; si donc il y a 4 cohéritiers, chacun aura payé le droit proportionnel pour 1/4 du montant de la succession. Le partage a lieu ; chacun obtient un quart des biens, un nouvel impôt ne sera pas dû ; et c'est avec raison que le partage pur et simple a été exempté du droit de mutation. Si, au contraire, l'un des héritiers prend une moitié, il est juste qu'il soit tenu d'acquitter encore les droits pour 1/4. C'est le cas du partage avec soulte, et la loi de frimaire soumet au droit proportionnel les retours de lots.

Or supposons maintenant qu'un immeuble soit licité et qu'il vaille le 1/4 de la succession. Dans la doctrine de la cour de cassation, si l'acte de partage n'est pas présenté en même temps que l'acte d'adjudication, le colicitant qui s'est rendu adjudicataire, qui a déjà payé le droit de mutation pour *un quart* de la succession, et qui ne recueillera en définitive que *le quart* des biens ne sera pas quitte encore envers le fisc : il devra en outre payer un droit nouveau pour les parts de ses cohéritiers *dans l'immeuble licité*. N'est-ce pas là introduire une contradiction inexplicable entre les principes admis par la loi en matière de partage pur et simple ou avec soulte, et avec ceux qu'elle aurait adoptés relativement à la licitation.

En résumé, il faut donc, pour calculer le droit qui est dû, connaître le montant de la succession, et le nombre des héritiers. Qu'importent les résultats possibles du partage ultérieur. Le prix de l'immeuble licité dépasse-t-il, oui ou non, le montant des droits de l'adjudicataire dans la succcession, voilà tout ce que le receveur doit examiner : rien de plus. Que si, par la suite, l'héritier adjudicataire acquiert de nouveaux biens dans la succession et que leur valeur jointe à l'immeuble licité excède la portion à laquelle l'héritier a droit dans la société, il y aura lieu d'appliquer les principes du partage avec soulte.

Telle est la doctrine vivement soutenue par la plupart des jurisconsultes, et en particulier par ceux qui se sont occupés des matières fiscales (1).

Nous avons maintenant terminé l'explication de l'art. 883. Si, parvenu au terme de la carrière, nous jetons un regard sur la route que nous avons parcourue, il nous sera permis de voir que la règle du partage déclaratif a été introduite à une époque où l'on sentait surtout le besoin de protéger la famille, mais où l'intérêt des tiers était entièrement laissé dans l'ombre. Il est facile de concevoir cette législation, et il suffit pour cela de se reporter à l'époque où notre règle prit naissance. Alors, les jurisconsultes avaient pour but de reconstituer l'État, de fortifier la société sortant des agitations du moyen âge, et du chaos de la féodalité; il fallait donc, avant tout, reconstituer et fortifier la famille, assurer les fortunes, entourer les partages de toutes sortes de précautions, et donner, par consé-

(1) Championnière, *Revue du droit français et étranger*, 1850, t. VII, p. 18. — Pont, Championnière et Rigaud, *Supplément au Traité des droits d'enregistrement*, t. VI, n° 630. — Demol., *Success.*, V, n° 303.

quent, à la règle de l'art. 883 la plus grande extension possible. Ce fut l'œuvre des xviiᵉ et xviiiᵉ siècles.
Or il est arrivé qu'aujourd'hui la famille a moins
besoin de secours; et d'autre part, par suite, de
l'extension des relations commerciales, du progrès
et de la nécessité du crédit, l'intérêt des tiers est
venu prendre place à côté des droits de la famille.
Ce sont ces tendances, ces besoins légitimes qui ont
porté certains auteurs modernes à restreindre outre
mesure la portée de l'art. 883. Peut-être serait-il à
désirer que le législateur prît en main l'initiative
d'importantes et utiles innovations; mais, jusqu'à
présent, le rôle du jurisconsulte ne doit consister
qu'à interpréter la loi, à en découvrir la portée, et à
en réclamer la stricte application. C'est ce qu'on a
essayé de faire dans cette thèse, évitant avec soin de
sortir du texte et de l'esprit de la loi. Trop heureux
si l'on a pu, à l'aide de ce programme, trouver la
véritable interprétation de notre article 883, et lui
assigner ses justes et légitimes limites.

POSITIONS.

DROIT ROMAIN.

1° La plus-pétition est la conséquence du système de procédure appelé formulaire.

2° La compensation dans les actions de bonne foi s'opère *ex officio judicis*.

3° Dans les actions de droit strict, la compensation est opérée par le juge à raison de l'insertion de l'exception de dol, dont la justification entraîne, non pas l'absolution complète du défendeur, mais sa condamnation modérée.

4° Excepté pour l'*argentarius*, qui devait lui-même opérer la compensation avant d'agir, il est faux de dire qu'il fallait que les dettes fussent *ex pari specie*.

5° Les mots *ipso jure*, dans le système de compensation introduit par Justinien, signifient que la compensation sera faite par le juge, sans le secours des exceptions, mais non qu'elle se fera de *plein droit*, par la seule volonté de la loi.

6° Au cas où une personne décédait laissant un fils et sa femme enceinte, il y eut discussion entre les deux écoles sur le point de savoir si le fils qui revendiquait une chose héréditaire ou poursuivait un débiteur héréditaire pour le tout ou pour moitié, encourait la plus-pétition (Lois 36. *De solut.*-- 28 § 5, *De judiciis,* --loi 3, *Si pars hæreditatis.*)

7° Ce n'est pas en réalité une exception aux principes de la plus-pétition qu'indique la loi unique au Digeste § 4 : *Quando dies ususfructus legati cedit.*

8° On peut intenter *la condictio ob rem dati, re non secuta,* alors que la répétition n'a pour cause que le simple caprice, et quand même le contrat innomé n'aurait aucune ressemblance avec le mandat.

DROIT FRANÇAIS, « *civil et commercial* ».

1° La licitation n'a pas un effet déclaratif lorsque c'est un étranger qui se porte adjudicataire.

2° La licitation a un effet déclaratif même dans

l'hypothèse où elle ne fait cesser l'indivision que par rapport à l'un des héritiers.

3° L'aliénation d'un bien héréditaire, consentie par un héritier pendant l'indivision, se trouve anéantie si ce bien ne tombe pas dans le lot du cohéritier qui a consenti cette aliénation.

4° L'héritier évincé n'a pas l'action résolutoire contre ses héritiers.

5° L'art. 883 est applicable aux créances héréditaires qui existent encore au moment du partage.

6° L'art. 883 ne s'applique pas au cas prévu par l'art. 563 du Code de commerce.

7° Lorsqu'il s'agit de choses indivisibles, l'article 883 ne fait aucun obstacle à l'application des articles 709 et 710 du Code Napoléon.

8° Le réservataire qui renonce, pour s'en tenir aux libéralités dont il a été gratifié, que ces libéralités lui aient été faites avec ou sans clause de préciput, ne pourra prétendre, par voie de rétention, aucun droit à la réserve, et sera, comme un étranger, réduit à la quotité disponible.

9° Lorsque le testateur meurt en laissant un ascendant, un frère et un légataire universel, l'ascendant a droit à la réserve, *que le frère renonce ou accepte ;* il est saisi, et le législateur doit lui demander la délivrance.

10° Les obligations consenties par une femme dotale, dûment autorisée, ne peuvent pas, après la dissolution du mariage, par la mort du mari, recevoir leur exécution sur les immeubles dotaux.

11° Les tribunaux français ne peuvent pas prononcer la contrainte par corps contre un Français, pour dettes commerciales qu'il a contractées et s'est engagé à acquitter dans un pays étranger où la contrainte par corps n'est pas reconnue par les lois.

12° Lorsque le tireur de la lettre de change, après avoir nanti le tiré de la provision, tombe en faillite, le porteur n'a pas droit à la provision, à l'exclusion de tous créanciers du tireur.

Droit administratif.

1° Le droit de transcription ne doit pas être ajouté au droit fixe de 5 francs exigé au cas de partage pur et simple.

2° Le droit proportionnel au cas de licitation ne doit être perçu que sur ce qui excède la part de l'héritier adjudicataire dans la masse héréditaire.

3° Le droit d'enregistrement n'est pas dû en matière de partage, alors même que les copartageants ne viennent pas concourir en vertu d'un titre commun.

Droit pénal.

1° Il n'y a que les circonstances qui influent sur la criminalité du délit lui-même qui profitent ou nuisent au complice : il n'en est pas de même de celles qui, laissant le délit tel quel, ne modifient que la culpabilité du délinquant.

2° Lorsque à la question ainsi posée par le président de la cour d'assises : L'accusé est-il coupable du meurtre commis tel jour sur la personne d'un tel ? le jury a répondu : Non, l'accusé ne peut être poursuivi de nouveau devant le tribunal correctionnel, comme coupable d'un homicide commis par imprudence, maladresse, négligence, ou contravention aux règlements.

3° Il faut la détention matérielle des objets pour constituer la tentative d'escroquerie.

Droit des gens.

1° Le blocus ne doit être respecté par les neutres,

qu'autant que la nation ennemie est à même d'empêcher tout débarquement sur les côtes.

2° L'époux légalement divorcé en pays étranger peut contracter en France un nouveau mariage.

Vu par le Président de la Thèse,
De VALROGER.

Permis d'imprimer :

Le Vice-Recteur,
ARTAUD.

Vu par le Doyen de la Faculté,
C.-A. PELLAT.

www.ingramcontent.com/pod-product-compliance
Ingram Content Group UK Ltd.
Pitfield, Milton Keynes, MK11 3LW, UK
UKHW020830120726
13693UKWH00002B/578